18岁走向世界

世界美如画，在我们眼前徐徐展开……

美国西部10大名校
留学游学完全指南

刘昱承 等⊙编著 / 摄影

旅游教育出版社
Tourism Education Press

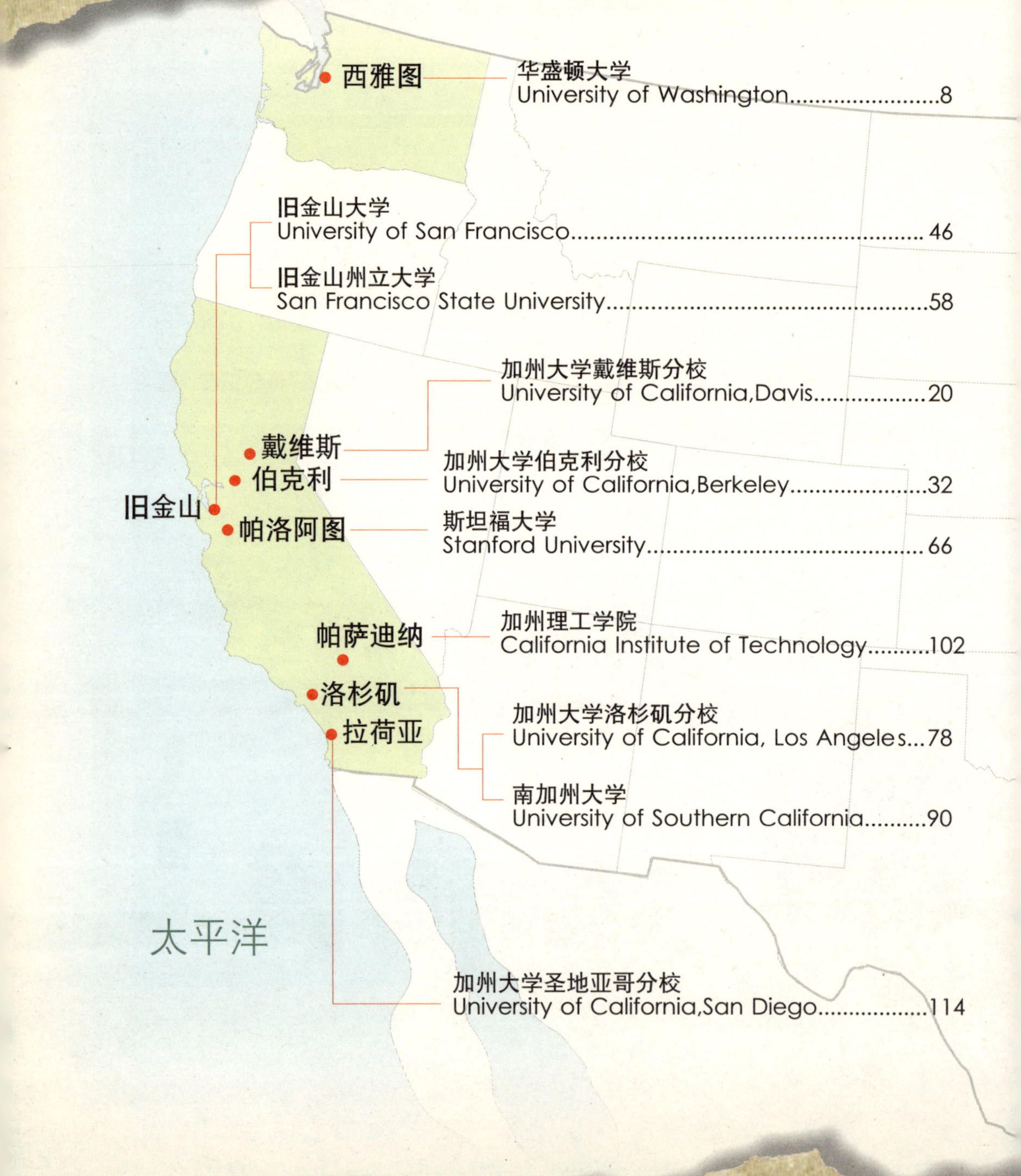
西雅图
戴维斯
伯克利
旧金山
帕洛阿图
帕萨迪纳
洛杉矶
拉荷亚
太平洋

目 录 CONTENTS

如何使用本书 How to use

本书以协助正准备留学美国西海岸，但是对于各校位置、学校特色以及周边生活设施不甚清楚的同学为读者对象，为大家提供一个初步但是清楚易懂的指南，让同学们在决定申请美国西海岸大学之前，能同时对大学城附近的生活、娱乐设施有相当程度的了解。并且，本书也非常适合准备前往美国西海岸大城市旅游的读者，在走访各大城市之时，也可以到附近的知名大学进行参观，回味一下学生时代的校园生活，再品尝一下校园的平价美食。

全书分成六大单元

【作者介绍、校园花絮】

本书介绍了10所学校，共12位作者，他们以亲身经历将母校最值得介绍的校园风情呈现给大家。每个学校都有丰富的校园信息并搭配相关图片，作者对母校的情感跃然纸上，不同于市面上千篇一律的留学信息，这里的每一篇都饱含着作者真挚的感情。

【学校简介】

以学校及所在城市进行点题，介绍城市以及学校之间的社区关系甚至近年的发展演变。在有限的篇幅当中，除了介绍建校缘起、历史沿革外，还添加了美国知名大学之间的校际对抗小典故等内容，是对学校进行初步认识最好的切入点。

【学术声望与杰出校友】

美国知名大学大多已建校数十年至百年，拥有相当丰富的建校历史，因此本书搜罗了众多领域的杰出校友信息供大家参考。而且通过他们还可以了解该校最为突出的领域是哪些，可作为读者选校时最基本的参考标准，赶紧翻开来看看吧。

【如何抵达学校】

本书用缩略图显示校园相对位置，让读者可以对学校位置有大致的了解。书中提供各种抵达学校的交通方式，例如：飞机转机场巴士，机场巴士到市区如何接驳。学校对外交通方式也是一大重点，读者可以从内文了解学校所在位置交通是否便利，也可作为选校的参考。

【校园美景导览】

美国大学校园普遍面积广大，同学们若欲到此学习自然不可不知最为人熟知的校内景点。本书搭配校园平面图，将知名景点一一罗列，再加上详细的导览，读者不但可以看“门道”，也可以看“热闹”。精彩的景点图片让你先睹为快。

【校园周边美食】

针对校园所在地区居民的生活特点有简单描述，搭配校园周边平价美食地图，介绍学生最爱光顾的美食餐厅、咖啡馆，以及逛街“淘”好货的“圣地”！本书不但是留学生的私房推荐，更是观光客不可错过的指南。

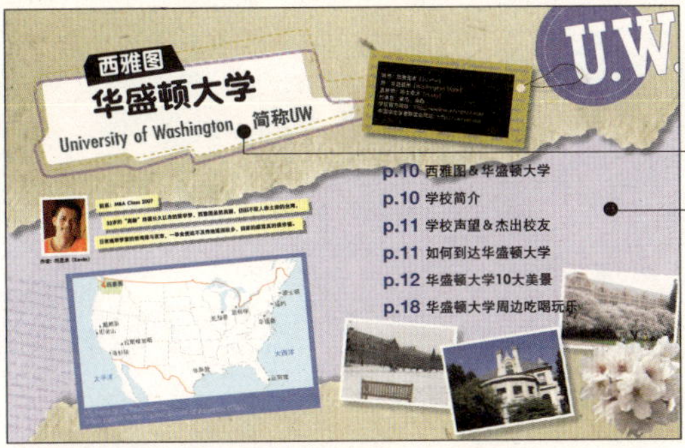

篇章 1
以不同学校区分各校篇章

单元小目录 2
每个篇章开始时，详列所包含的板块，一目了然

学校简介 3
城市与学校之间的关系，建校缘起，历史沿革

学校声望&杰出校友 4
学术成就评估的快速检索表

如何抵达校园 5
校园与机场相对位置，以及交通方式解说

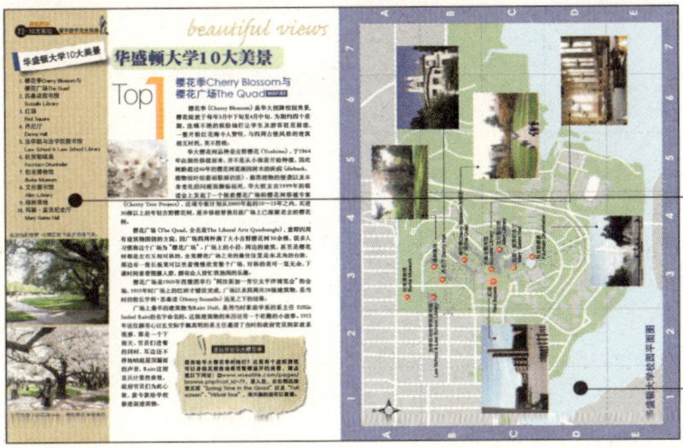

校园美景小目录 6
景点名称目录整理，编号方便寻找

校园平面图 7
按图索骥，搭配景点名称及坐标

美食地图 8
按图索骥，搭配餐厅编号

店家资料 9
吃喝玩乐地点整理，编号方便寻找

西雅图

华盛顿大学

University of Washington，简称UW

院系：MBA Class 2007

32岁的“高龄”终圆长久以来的留学梦，西雅图虽然美丽，仍旧不敌人亲土亲的台湾，

日夜魂牵梦萦的香鸡排与夜市，一毕业便迫不及待地返回故乡，回家的感觉真的很幸福。

作者：刘昱承（Kevin）

University of Washington,
Washington State. United States of America (USA)

U.W.

城市：西雅图市（Seattle）
州：华盛顿州（Washington State）
吉祥物：哈士奇犬（Husky）
代表色：紫色、金色
学校官方网站：http://www.washington.edu
中国学生学者联谊会网站：http://uwcssa.org

Seattle & University of Washington

西雅图 & 华盛顿大学

提到西雅图，你会联想到什么呢？《西雅图不眠夜》这部浪漫爱情电影？星巴克的故乡、微软的总部所在？也许你还有个印象就是西雅图时常下雨？西雅图年年上榜全球最适合居住的城市，城市个性友善，对非白人族群尊重包容，居民亲切有礼，又是美国离东北亚最近的城市，因此吸引了大批亚裔族群来此移民与就学。

著名棒球选手王建民在美国各大城巡回比赛，他认为最棒的城市正是西雅图，这里不紧不慢的悠闲步调，置身其中总能令人身心放松。而我觉得，西雅图就像是一位穿着Polo衫与休闲裤的绅士，顾盼自若地徐行，却不见拘谨与高不可攀。

华盛顿大学的一个入门处，没有夸张宏伟的门楣梁柱，静谧典雅的风格相当符合学校的气质，这也是当初华大给我的第一印象，“Love at first sight”，我对她一见钟情。

华大校园中最让人醉心的美景是每年3、4月的樱花季，这是樱花广场（The Quad）在晴朗春日的美景。

学校简介

华盛顿大学（University of Washington，简称U.W.，发音U-Dub）于1861年建校，至今已有一百多年历史，是美国太平洋沿岸最古老的名校。紧邻西雅图市区，坐落于清澈的华盛顿湖（Lake Washington）及联合湖（Lake Union）旁，校园内树木挺拔、枝叶扶疏，处处绿意盎然，像座美丽的森林公园，古典雅致的古堡式建筑，衬托出百年华大温文内敛的淳朴气质，春天有百花、夏天有绿荫、秋天有枫红、冬天有雪景，四季分明，4月时节的樱花季更是让人赞叹惊艳，使U.W.被公认为全美最美丽的校园之一。

华大在1861年建校时的校址在目前西雅图市区的University Street，大约只有4公顷大小的土地，是亚瑟·丹尼（Arthur Denny）等数位热心市民捐赠成立的。当初学校命名为“The Territorial University of Washington”，但日渐成长的入学人数使原先的校园空间显得严重不足，于是在1895年迁校至现址。1909年华大为“阿拉斯加—育空太平洋博览会”（Alaska-Yukon-Pacific Exposition）的举办地，并因此吸引了全美注意力，由此华大进入一个新的纪元。华大现址283公顷大的校园，便是在逐日建设后的规模，学校目前共有约35 000名学生及2 700位教职员。

西雅图虽地处纬度较高的美国西北角，但冬天气候依旧干爽舒适，雪也是“稀客”。到西雅图读书前，曾担心西雅图名声不太好的冬雨气候会不会让人得忧郁症？可是笔者必须要为西雅图说句公道话，比起台北，西雅图的雨量和雨势根本是小巫见大巫，在冬天即使出现连续两周阴雨，也都是毛毛细雨，很多学生（包括笔者）走路到学校上课时都只戴帽子而不撑伞。西雅图的冬天绝对气候宜人，即使在冬天接近0℃的气温，相对来说也还是让人感觉比较舒适。

学校声望&杰出校友

好市多（Costco）创办人兼总裁：杰弗里·布罗特曼（Jeffrey Brotman）
波音公司总裁：克莱尔蒙特·埃格维特（Clairmont Egtvedt）
萨克斯风天王：Kenny G
华人传奇人物：李小龙（Bruce Lee）

根据“2009年US News全美大学研究所排名”，华大护理系独领风骚，排名榜首，华大的医学系与哈佛大学在2008年并列第一，2009年小幅滑落至第六，电脑科学（Computer Science）排全美第六，教育学院排第八，工学院及法学院还有笔者就读的商学院综合排名也都在20名上下，不但在美国西北岸（Northwest）一枝独秀，也是一所在全美国甚至全世界都被公认具有学术声望与教学品质的优质大学。华大有多位杰出校友获得诺贝尔奖，如：George Hitchings 和Martin Rodbell分别在1998年与1994年获得医学奖、George J Stigler 在1982年获得经济奖、Jill Seaman于1999年获得和平奖。

除了荣获诺贝尔奖的杰出校友之外，华大也培育出数位举世闻名的企业家，如Costco的创办人兼总裁布罗特罗、波音公司总裁埃格维持、Westin连锁饭店的CEO且曾令美国航空扭亏为盈的Edward Carlson。另有两位超级巨星，一是萨克斯风天王 Kenny G，二是华人传奇人物李小龙（Bruce Lee）。李小龙于1961～1964年在华大主修戏剧。

如何到达华盛顿大学

对于一个习惯靠公车与双脚旅游的人而言，每到一个城市旅游最大的福音莫过于便捷的公共交通系统。西雅图地区大众交通系统便利无比，而华盛顿大学校区（U-district）紧邻西雅图市中心，食衣住行娱乐设施与市区连成一片，交通网络更是四通八达，搭公车大约只要20分钟。

如何到达华盛顿大学

因为机场没有直达华大的公车，必须从机场坐公车到市区转车，只需要转乘一次且班次频繁。

Step 1 从西雅图国际机场Sea-Tac到西雅图市中心

- **公车：**游客若预算有限，可在Sea-Tac国际机场搭乘174或194号公车（建议搭乘174，因走高速公路可节省很多时间），搭车地点在出境大厅外右手边，在市中心的Pine St.和5th St.下车，大约只要40分钟车程，且仅需$1.5的车资。
- **Shuttle Bus：**另一个极为方便但花费也较高的方式，是花$30在机场坐Shuttle Bus，会直接送你到指定地点。
- **捷运：**已于2009年竣工投入使用，可以直通西雅图市区。

Step 2 从西雅图市中心到华大校区（U-district）

- **公车：**乘机场到市中心的5th St.下车后，走过两个小小的街区后在3rd St.乘车，坐往U-district方向的71、72、73号公车，在华大的大学街（University Way）任一站都可以下车，只需20～30分钟，车费也是$1.5。同样的公车路线可从华大坐回市中心再坐回机场。
- **开车：**若是开车的话，可以走I5号高速公路在45th St.出口下交流道，往大学街（University Way）的方向走即可。

搭车Tips

- One Day Pass　每到周六、日，游客可以在车上跟司机购买“One Day Pass”（公车1日券），每张$5，可当天不限目的地、无限次搭乘公车，相当方便。
- 如何看公车时刻表　要知道公车的发车时间，有三种方法：

1. 上网查询：transit.metrokc.gov
2. 可在公车站牌上看到发车时间
3. 上了公车后，在司机的座位后方能看到该路线或其他近似路线的公车时刻表，免费供乘客索取，包含路线简图及主要站点的时刻表。

beautiful view

华盛顿大学10大美景

华盛顿大学10大美景

绿油油的视野，在樱花树下散步神清气爽。

不同角度下的花海小径，到处都是拿着相机捕捉美景的观赏者。

Top 1 樱花季Cherry Blossom与樱花广场The Quad MAP:B3

樱花季（Cherry Blossom）是华大招牌校园美景，樱花绽放于每年3月中下旬至4月中旬，为期约四个星期，连绵不绝的缤纷灿烂让学生及游客驻足留恋，一整片粉红花海令人赞叹，与四周古堡风格的建筑相互衬托，美不胜收。

华大樱花树品种是吉野樱花（Yoshino），于1964年由别处移植而来，并不是从小株苗开始种植，因此树龄超过40年的樱花树逐渐因树木的疾病（dieback，植物枝叶枯萎而根部仍活）、菌类植物的侵袭以及本身老化的问题而濒临枯死，华大校友在1999年的联谊会上发起了一个拯救樱花广场的樱花树移植专案（Cherry Tree Project），这项专案计划从2000年起的10～15年之内，买进30棵以上的年轻吉野樱花树，逐步移植替换目前广场上已渐渐老去的樱花树。

樱花广场（The Quad，全名是The Liberal Arts Quadrangle），意即四周有建筑物围绕的方院，因广场四周种满了大小吉野樱花树30余棵，很多人习惯称这个广场为“樱花广场”。广场上的小径、两边的建筑，甚至是樱花树都是左右互相对称的，全览樱花广场之美的最佳位置是东北角的台阶，那边有一张长板凳可以坐着慢慢欣赏整个广场，对称的美可一览无余，下课时间看着熙攘人群，颇有众人皆忙我独闲的乐趣。

樱花广场是1909年西雅图举行“阿拉斯加—育空太平洋博览会”的会场，1915年时广场上的红砖才铺设完成，广场以及四周共28栋建筑物，是当时的校长亨利·苏桑诺（Henry Suzzallo）远见之下的结果。

广场上最早的建筑物为Raitt Hall，是用当时家政学系的系主任 Effile Isobel Raitt的名字命名的。这栋建筑物的来历还有一个有趣的小故事。1915年这位颇有心计且交际手腕高明的系主任邀请了当时的政府官员到家政系视察，那是一个下雨天，官员们进餐的同时，耳边还不停地响起屋顶漏雨的声音，Raitt这招哀兵计果然奏效，政府官员们为此心软，拨专款给学校修建新建筑物。

虚拟体验华大樱花季

想体验华大樱花季的灿烂？这里有个虚拟游览可以身临其境般地感受繁樱盛开的美景，请点选以下网址：http www.vrseattle.com/pages/browse.php?cat_id=79，进入后，在右侧选择第五项“Spring Time in the Quad”以及“Full screen”、“Virtual Tour”，有兴趣的话可以看看。

N
A
B
C
D
E
1
2
3
4
5
6
7
7 柏克博物馆
Burke Museum
法学院与法学院图书馆
Law School & Law School Library 5
9 绿树草地
4 丹尼厅 Denny Hall
1 樱花季Cherry Blossom与樱花
广场The Quad
苏桑诺图书馆
2 Suzzallo Library
红场
Red Square 3
8 艾伦图书馆
Allen Library
10 玛丽・盖茨纪念厅
Mary Gates Hall
6
杜贺勒喷泉
Fountain Drumheller

华盛顿大学校园平面图

beautiful views

Top 2 苏桑诺图书馆Suzzallo Library MAP:C3

哥特式建筑的苏桑诺图书馆，是华大最负盛名的地标性建筑，在蓝天的陪衬之下更加雄伟。

一楼通往二楼的回梯，大理石造的宽广空间，像一座古堡那样豪华。

亨利·苏桑诺（Henry Suzzallo）在1915年时被选为华大第15任校长，他的远见与胸襟强化了华盛顿大学与华盛顿州之间的商业联系，贡献颇大。亨利·苏桑诺心目中一直有一个愿景，那就是要把华盛顿大学塑造成一个千古流芳的大学（University of a thousand Years），而他完成愿景的首要工作，便是建立一座新的图书馆，一座承载大学灵魂的图书馆。

但这位校长却不幸卷入政治纠纷当中，因为他带入学校的教育改革冲击到了当时的新任州长Roland H. Hartley的政治活动，于是，苏桑诺被视为一个具有争议性的人物，在1932年他终究还是在委员会投票后被迫下台。下台后的苏桑诺依然为教育改革而奔走，成为美国教育论坛的发言人。1933年，苏桑诺去世，为了纪念这位贡献卓越却因招妒而下台的前校长，这座美轮美奂的图书馆便以苏桑诺为名，作为对苏桑诺最诚挚的致敬，表彰他对华盛顿大学的卓越贡献。

在1922年计划建造之际，苏桑诺校长就将其视为华大灵魂。图书馆于1923年动工，这座哥特式建筑于1926年启用，入口外墙处有18座精致的名人石雕像，是向对知识探索有卓越贡献的名人致敬，有柏拉图、达·芬奇、牛顿等，在进入参观前，不妨驻足留意。

图书馆内最不能错过的是阅览室（Reading Room），也就是学生的自习室，沿着大理石阶梯从一楼拾阶而上便可抵达。一篇发表于1927年建筑工程刊物里的文章，有许多专家曾盛赞该阅览室在当时是美洲大陆最美丽的建筑物，并且也将其列为世界最美的建筑物之一。阅览室长达70.2米，挑高19.81米，相当宽敞气派，置身其中仿佛有种到了欧洲古堡或是大教堂礼拜室的感觉，尤其当午后阳光从两旁的彩绘玻璃射入时，宁静安详的感觉油然而生，两旁厚实稳重的书架由华盛顿州当地出产的橡木制作，其上有精细的手工雕刻，在自习室的两端，各有一颗从天花板悬吊而下的手绘地球仪，上面刻着许多著名的探险家的名字。进入阅览室不妨坐在厚实的木椅上感受一下。

红场上有艺术家Barnett Newman的雕刻作品Broken Obelisk.

Top 3

红场Red Square MAP:C3

苏桑诺图书馆前的广场称为红场（Red Square），1909年阿拉斯加博览会临时在红场上搭建筑物，博览会结束将建筑物移除之后，才兴建了苏桑诺图书馆。1969年开挖红场，增建地下停车场，设计者担心若是地面铺上草地的话，雨水会渗进停车场带来损失，于是说服学生以“红场”的概念铺上红砖以解决潜在问题，至于是不是真有参考莫斯科正牌“红场”的本意则不得而知。

红场在华大是一个非常特殊的地方，环绕着绿树草地的华大校园，只有这里草木不生，刚好红场又位于樱花广场旁，若从广场走到红场，走着走着感觉像是从美丽的中央公园走进了寸草不生的内华达沙漠里，有相当的视觉落差。

Top 4

丹尼厅Denny Hall MAP:B3

丹瑟·丹尼是华大最古老的建筑，也是迁校后新校址内的第一栋建筑，于1895年9月开始启用，至今已经超过百年历史了，在华大的地位像是大家族中的长者，建筑主要采用法国文艺复兴时的风格，有着圆形的塔楼、类似蜡烛顶端的屋顶，建筑本体以砂岩以及砖块为主，环绕它一周，完全没有对称的设计，每一个角度都是不同的风景。

丹尼厅是因亚瑟·丹尼而命名，华大建校初期的4公顷校地里他就捐了3.5公顷，亚瑟·丹尼甚至被尊称为西雅图之父（Father of Seattle）以及华盛顿大学之父（Father of the University），以彰显其在华大与西雅图建立初期的卓越贡献。目前这座楼是人类学、德语系、外语中心等办公室所在地。

丹尼厅的屋顶是一个小小钟楼，每天早上8点20分都会传出悦耳的钟声，提醒大家今天又是燃烧昂贵学费的一天，商学院的教室就在丹尼厅旁，虽一年中我有一半的时间在这里度过，其欧洲古堡的韵味仍吸引我流连，因其建筑风格在校园内独一无二，四季不同的景致下更展现出不同的韵味。

beautiful views

Top 5

法学院与法学院图书馆 MAP:B3
Law School and Law School Library

这座占地1.82公顷、高6层的法学院大楼，启用于2003年12月12日，是用微软创办人比尔·盖茨的父亲威廉·盖茨（William H. Gates）的名字命名的，威廉于1950年毕业于华大法学院。

法学院大楼就像是一座大玻璃温室，外部建材全部采用玻璃，从外观看有三座突出玻璃小塔，这是图书馆的采光罩，让室内有明亮的光线之余也能节省能源。法学院大楼在华大校园内绝对是最新颖、最现代化的建筑，与丹尼厅隔着一条校内绿色隧道，古典与现代相望，历史与新页并存。

位于地下一楼的图书馆收藏着56万册以上的法学相关书籍，它不但是美国东北岸藏书最多，也是密西西比河以西最大的图书馆之一，图书馆对其他学院学生开放，一般游客也可以自由进出，从大门口进入后从右手边的楼梯往下走即可，但请千万保持安静哟！这是全华大最安静、学生最自律的图书馆，在进入图书馆前会看到好几面展示橱窗，其中有一面展示着法学院为研究保障同性恋人权方面的社团的相关资料，一整个橱窗的彩虹煞是美丽。

西雅图

Top 6

杜贺勒喷泉 MAP:C3
Fountain Drumheller

杜贺勒喷泉是以华大董事约瑟·杜贺勒（Joseph Dru-mheller）的名字命名的，是杜贺勒在1961年华大建校100周年纪念时捐赠的。喷泉中间的喷水柱可喷出高达30米的水柱，围绕的小水柱也可喷出高达9米的水柱，水池旁时时可见鸭子戏水。

一旁矗立着像是古堡风格的建筑，喷泉四周有美丽的玫瑰花园，当五颜六色的玫瑰怒放时，喷泉与花园的美景一定可以在商店内明信片中看到，这里也常吸引新人来此拍婚纱照。

喷泉四周有数张长板凳供大家休息，赏花看水都让人心旷神怡，时时可见学生在板凳上伴着阳光休息或阅读。天气晴朗时，可以清楚地远眺华盛顿州最高的雷尼尔山，远望山头终年覆盖的白雪，运气好的话，还可在傍晚夕阳西下时看到整个山头粉红一片。

Top 7

柏克博物馆 MAP:A3
Burke Museum

柏克博物馆成立于1885年，是华盛顿州最古老的博物馆，华大校园内的现址是在1962年竣工，是由房地产大亨Judge Thomas Burke的遗孀以丈夫的名义捐赠的。

博物馆主要是自然与历史文化的展览，博物馆外左右各有两柱巨大的手绘印第安图腾，正呼应了博物馆以美国印第安原住民文化的展览为方向。这里有印第安绘画、各式手工艺品或是记录历史演进的其他丰富资料，另外也不定时展出有关野生动物的研究成果以及摄影作品。博物馆旁边有一个小咖啡厅可供大家休憩、聊天，内部装饰颇有印第安文化朴实、原始的风格，逛校园腿酸时可以在这里稍事休息。

Info

- 10:00～17:00 开放
- 免费入场参观
- www.washington.edu/burkemuseum

Top 8 艾伦图书馆Allen Library MAP:C4

于1991年竣工启用的艾伦图书馆是微软创办人之一 Paul Allen 捐赠给华大，并以Paul Allen的父亲Kenneth S. Allen的名字命名的，这座新颖的图书馆用了40万块砖，书架拼起来的总长度达42公里多，收藏了上百万册书籍。

艾伦图书馆在设计上注入了不少环保理念，比如，照明灯以及窗户都是防紫外线的材质。进入苏桑诺图书馆后再向后走便可到达艾伦图书馆，走到最后方也就是南栋，是自然科学的藏书区，一具长达8.5米的巨鳄化石就悬挂在南栋入口的门厅上方，天花板还悬挂着鸟类标本的垂饰，十足一派自然科学馆的气氛。

图书馆前有两片大草皮，终年长青，夏日或是晴朗有阳光的好天气时，许多学生都会在这里休息或是摆摊位宣传自己的活动。图书馆面对学生活动中心（Hub），若是中午时分到访，可以在活动中心用餐，重温一下校园生活，这里有几株巨大活动中心的并列的松树，非常壮观。

Top 9 高树绿荫 MAP:B3

华大校园内处处翠绿高耸的树群也自成一大特色，华大的美若少了俯拾即是的高树绿荫，便少了大半的韵味与风采，整个华大就像一座森林公园，在春夏之日造访华大时，不管从哪个校门进入，列队欢迎的都是一片绿树，走在其中神清气爽，宛若享受森林浴，眼睛也可以顺便做个spa，若只是不疾不徐地悠闲漫步其中，绝对是参观华大的最佳方式，华大占地广大，所到之处除了高树之外还是高树。华盛顿州又称“长青州”（Evergreen State），即使是冬天，校园中许多树木依旧是翠绿长青。

Top 10 玛丽·盖茨纪念厅 Mary Gates Hall MAP:C3

玛丽·盖茨纪念厅是用微软创办人比尔·盖茨的母亲Mary Maxwell Gates的名字命名的，Mary Gates任取大董事会18年期间大力宣传大学生教育的重要性，对华大做出过卓越的贡献。

这座斥资4 800万美元打造，总面积约1.2公顷的建筑是新与旧的融合体，实际上是在1928年已完工的哥特式历史建筑旁再扩建约4600平方米的新建筑物，建筑外观在设计时力求一致，若不仔细看外墙，其实是不容易察觉的，这新旧完美融合的巧思让它在2000至2001年获得四个地区及全国性的建筑奖。

玛丽·盖茨纪念厅是华大大学部学生的学习中心，拥有180个工作站的大型电脑实验室，以及23间配有先进影音设备的上课教室，当进入玛丽·盖茨纪念厅时，最先映入眼帘的是挑高两层楼的交谊厅，由中间向两边倾斜的教堂式玻璃天花板，自然采光之下更显明亮宽敞，平日若无展览便为学生自习之用，平日亦开放给非学生参观。

Info

一般游客可在上课期间免费入场参观。

照片提供：Cortilia Lin

yummy food

华盛顿大学周边吃喝玩乐

美食餐厅

“University Way”（华大学生习惯叫它The Ave.）是华大学生吃喝玩乐的最大聚集地，街上各式各样的异国料理应有尽有，也有许多个性小店可以逛。这里介绍几家物美价廉的美味餐馆，对于囊中羞涩的留学生或是游客而言，绝对是不错的选择。

西雅图

1 Cedars印度料理

4759 Brooklyn Ave. NE（与47th St.交叉口）

招牌菜是各式口味的咖喱饭，一份咖喱饭加小费大约$15，用餐时刻总是一座难求。我重点推荐的印度传统小点心叫“Nan”，我独爱大蒜口味，刚出炉热乎乎地蘸上店家独特的酱汁，入口后幸福感油然而生，很大一份也不过$2左右，相当经济实惠。另一必点的是“Chi Tea”，是类似肉桂粉等的综合香料冲泡而成，冷热均有，最棒的是可以无限续杯，一杯也是$2左右，这家的“Chi Tea”香味与口感非常浓郁，是华大附近三四家印度餐厅中口味最棒且品质最稳定的，大力推荐。

有时候嘴馋又花不起大钱时，都会利用用餐低谷时间的下午时段过来点Nan 和Chi Tea，一边享受美食一边装着认真看书，只是，点的餐点不到$5，需要厚一点的脸皮来抵挡印度籍服务生不是很亲切、友善的眼神与态度。

2 Kiku日式快餐

5018 University Way NE

韩国人开的日式餐馆，卖的多是寿司或是日式与韩式的面饭类快餐，Kiku的鸡鸭烧腊大拼盘（Chicken Combo），如烧腊大拼盘、鸡腿海鲜饼等实在好材料，还有新鲜甜脆的生菜沙拉，一份大约$7，物超所值。

3 Araya's Vegetarian Place泰式素食

1121 NE 45th St.

特别介绍这家泰式吃到饱的素食餐厅，离University Way 短短两个街区，食物种类丰盛，味道地道，泰式酸辣汤、泰式炒面炸春卷等，午餐一人份约$10，价格便宜分量又足，内部装潢是

4 Shinkatea泡沫红茶店

727 University Way NE

The Ave.上有两家星巴克和一家Is Coffee可供休憩，但若想来点不一样感觉的歇脚处，Shinkatea的东方木质调装潢颇有让人静下心来的效果。店内安静凉爽，各式各样的茶类混搭小珍珠各有特色。我最爱浓浓的杏仁茶加小珍珠，颇有台湾味，店内提供免费无线上网服务。

5 Pho越南河粉

4235 University Way N.E.

U-way上有许多家卖越南河粉的店，但最受老外同学推崇、生意也最兴隆的，当首推这家位于地铁站旁的店，有温润顺口的汤头与分量十足的新鲜滑嫩肉片，九层塔的清香刺激胃口，洒点酸酸的柠檬汁来提味，总让人顾不了撑饱的胃连汤一扫而空。餐后再来一个随餐附送的鲜奶油泡芙，$5便能大快朵颐，绝对是能吃饱吃好的好餐馆。

6 Appethai泰国料理

4220 University Way NE

这是一家装潢相当精致的泰国餐厅，菜价却很平易近人，点一份Lunch Special或是泰式炒面大概只要七八美元，食物味道也不错。因为用餐环境非常舒适，建议一日游的游客可以来填一下肚子。

同样是泰国餐厅，隔两三家店另有一家叫Thai 65，美味程度不相上下，内部装潢也堪称舒适，却不及AppeThai华美，价钱略微便宜一些。

Info

如果在用餐时间想在校园内简单用餐，可以在学生活动中心（Hub）或是两处学生宿舍的学生餐厅用餐，种类很多，如美式、意式、中式或墨西哥菜都有，但价格比外面餐馆便宜一点点而已，若是用餐高峰时段可得做好排队的心理准备。

咖啡馆

来到星巴克的故乡，怎能不顺便把地道美式咖啡的风味也收入行囊中呢？下面介绍几家校园附近不错的个性咖啡馆，虽然University Way上有两家星巴克与一家Tully's Coffee连锁店，但大家不妨换换口味试试。

A Café Allegro

➡ 4214 University Way

踏入Allegro，首先映入眼帘的是略带历史沧桑感却又舒适的木制桌椅，墙上挂着新兴艺术家的画作与摄影。吧台后方贴有各国纸钞，经讨论，以千元大钞作为展示品的确是稍微大额了些！老板是一位矮小和气的非裔老者，每季混豆的特色在老板的手艺下展现，顺口、香气与色泽，都属佳作，与店里的古典音乐或民族曲调异常调和，无线网络的提供，让Allegro成为学生最爱的读书场所，店内提供的点心首推菠菜乳酪可颂以及美式Scone。偶尔，独坐在Allegro的二楼，听着将课堂移至此处的教授带领学生讨论哲学、国际关系，每周五下午7点亦可在此聆赏不同音乐家的演出，表演设计小巧玲珑，表演者的热情却是触手可及，对音乐的热情在互动、眼神交会中，分享、领会、不言而喻。

B Café on the Ave

➡ 4201 University Way NE

相较于Allegro的宁静与 Solstice里音乐的音量，这里更适合学生讨论功课，结合美式早午餐、轻食、咖啡、水果与甜点，咖啡上的调整稍显单调，蛋糕亦是Café on the Ave的强项之一，还有巧克力慕斯、季节性南瓜派、茶蛋糕、火鸡贝果等。

Info

若只想在校园内喝杯咖啡歇歇脚顺便感受一下校园的活力，出售咖啡及简单的点心的几个地方有苏桑诺图书馆、柏克博物馆、法学院、商学院、体育馆等。

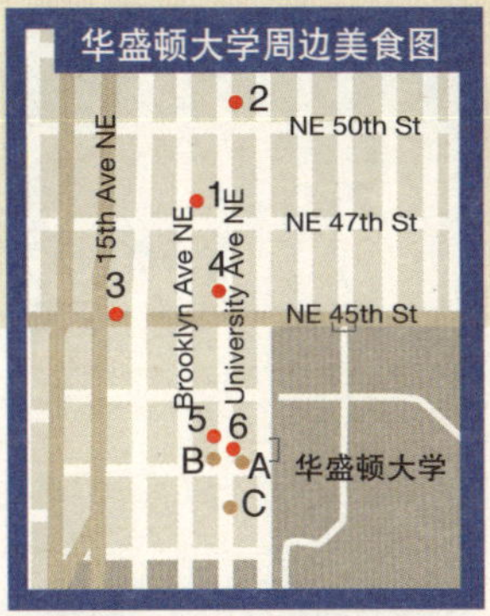

C Café Solstice

➡ 4116 University Way NE

另一家U.W.学生最爱的咖啡店是“Solstice”，提供三明治、Loaf、饼干等。Solstice的咖啡首选是拿铁，精准的比例拿捏与烹调技术，让它的拿铁没有任何偏误地顺口、温润，轻柔的香味与甜乳香不论是搭配混有乳酪片的三明治还是纯粹黑巧克力制的饼干，都显得十分恰当。店内音乐属稍强势的摇滚乐。未加高的阳台座位，与人行道、公车站牌几乎没有距离，当夏日阳光洒脱、慵懒地伸展在椅背上，感觉这里既融入了行人的忙碌，却又是偷闲惬意的角落。

☆特别感谢MBA学妹Cortilia Lin热心提供以上关于个性咖啡厅的介绍。

D University Bookstore

➡ 4326 University Way NE

这是一家具有相当规模的复合式书店，除了文具与林林总总的教科书之外，还销售各式各样印有University of Washington字样或是印有代表华大吉祥物哈士奇犬（Husky）的纪念商品和哈士奇犬王之偶。书店内有一家咖啡厅，柔和的灯光下，书香与咖啡香一起飘来，更为阅读增添几分情趣。书店内展售着不少介绍有关华大校园、建筑、历史的书籍，不妨先到这里来翻阅一下再进校园参观，在有了比较深刻的认识与了解后，逛起校园或许会有不一样的惊喜。

戴维斯

加州大学戴维斯分校

University of California,Davis，简称UC-Davis

作者：廖思玮（Silvie）

院系：2010年取得语言学博士学位

座右铭是“When you want something, all the universe conspires in helping you to achieve it.”

“当你真心渴望什么时，整过宇宙都会联合起来帮助你完成。”

认真地交完稿后才发现，原来我身处于这么方便、可爱又适合读书的小镇。

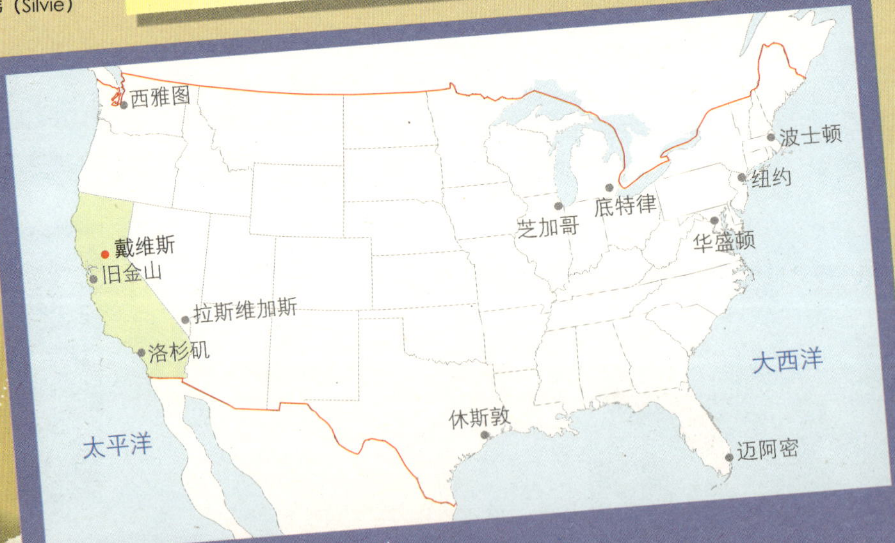

University of California, Davis,
State of California, United States of America (USA)

城市：戴维斯市（Davis）
州：加利福尼亚州（California）
吉祥物：名叫Gun rock的北美野马
代表色：蓝色、金色
学校官方网站：http://www.ucdavis.edu
加州大学戴维斯分校中国学生学者联合会网站
www.ucdchinese.org
戴维斯市维基百科网站 http://daviswiki.org

戴维斯 & 加州大学戴维斯分校

加州大学戴维斯分校的主要校园坐落于加州北部中央谷地的戴维斯市（Davis），离加州首府萨克拉门托（Sacramento）大约24公里，开车不到20分钟，离繁荣的旧金山市区约130公里，开车约费时70分钟。这里的气候大致四季分明，春秋温和凉爽，但因位于加州中央谷地，夏季干燥炎热，七八月的白天温度常常可高达40℃，但日夜温差大，夏季夜晚温度会降至15℃左右；冬天则是雨季，平均温度大约10℃，最低温约可至0℃。一般来说戴维斯不会下雪，据说过去几十年只下过两次雪，若想欣赏雪景或滑雪，需开车去东北方的太浩湖（Lake Tahoe），那里是北加州夏季的避暑胜地，冬季的滑雪胜地，离戴维斯约车程2小时。

戴维斯是典型小而友善的大学城，民风朴实而且环保意识很强，居民都非常友善且少见种族歧视。虽缺乏大城市的繁华，但它却是个安静清幽很适合居住和读书的城市。全市6万多居民中，有半数是戴维斯分校的学生和教职员。

戴维斯市的火车站有种淳朴的小镇味道。

校园内也是全戴维斯市最高的建筑物史波拉厅（Sproul Hall），为人文社会科学系所办公室。

学校简介

加州大学戴维斯分校创建于1905年，属于加州大学10个分校区之一。创立的缘起是政府决定设立一座农业大学。校区占地22.2平方公里，是加州大学占地最广的校区，也是10个分校中唯一在校园内设有机场的学校。

两年前刚到戴维斯时，它给我的第一印象是：怎么校园和市区到处都是自行车？的确，戴维斯宣称该市是全美国自行车密度最大的城市，不仅如此，戴维斯还有专门为自行车制定的交通标志和交通规则，有时甚至连警察都骑着自行警车巡逻呢！戴维斯的居民很注重环保和健康，自行车是全市最普遍的交通和健身工具，也因此，戴维斯长久以来有“自行车之都”的美称。

除了自行车之外，戴维斯的醒目的红色双层公车“Unitrans”也颇具特色。Unitrans自1968年开始运营，据说是全美唯一作为大众运输而非观光用途的双层巴士。Unitrans有15条固定路线穿梭于校园和整个戴维斯，持有戴维斯分校学生证的大学生均可免费搭乘，不过研究生或是一般民众就无法享受免费优惠了，每次票价$1。值得一提的是，Unitrans的司机和职员其实都由戴维斯分校的学生们担任，更加证明了戴维斯分校学生的多元化和自主性。

Unitrans路线停靠站和时间表
http unitrans.ucdavis.edu

绿油油的美式足球场。

戴维斯醒目的英式风格红色公车“Unitrans”。

校园内绿荫处处。

如何到达加州大学戴维斯分校

没来加州前，常听人说，在加州没有车等于没有脚，而虽然这里许多学生也真的是有车又有自行车，但对于没有车的人来说，戴维斯的大众运输系统其实算很方便！前面提到的Unitrans是行驶在戴维斯校园和市内的公车，停靠点多，班次也多，即使是有车的学生们也常常为了省去昂贵的校内停车费而搭公车呢！

学校声望&杰出校友

美国财政部前财务长：安娜·埃斯科丰多·卡布拉尔（Anna Escobedo Cabral）
植物学家(也是美国国家科学院最年轻的院士)：史蒂文·坦斯利（Steven Tanksley）
美国“太空人”：史蒂芬·罗宾逊（Stephen Robinson）

戴维斯分校以农学起家，建校至今不仅在农学方面表现卓越，也已成为著名的公立研究型大学，其他著名的领域有医学、兽医、法律、管理、健康科学、教育、人文社会科学等，其中商学院的MBA在国际上排名前50名以内，医学院和兽医学院的排名更是跻身世界前10名。

如何到达加州大学戴维斯分校

方法1 开车

开车从旧金山国际机场沿洲际公路US101接I-80可到学校。

方法2 搭公车

从沙加缅度机场（Sacramento Metropolitan Airport）搭公车42A与42B，行车时间约1小时。因为班次很少，不建议采用。

方法3 搭乘机场的接送专车 Davis Air porter

可搭乘戴维斯往来机场的接送专车Davis Air porter，从旧金山国际机场到戴维斯市区1.5～2小时，单程$95；戴维斯到沙加缅度国际机场大约30分钟，单程$20。可事先打电话（1-800-565-5153）或至网站预约（http://www.davisairporter.com）。

从戴维斯到其他城市

从戴维斯前往其他城市的交通也算方便，在学生活动中心（MU）前的车站有Yolo Bus往返于戴维斯和邻近城市，比如伍德兰（Woodland）、迪克森（Dixon）、沙加缅度市中心、沙加缅度国际机场等。搭Yolo Bus到沙加缅度市中心及机场大约需1小时。

Yolo Bus的时间表和路线 http www.yolobus.com

从戴维斯到旧金山

若要从戴维斯前往旧金山市区或旧金山国际机场，则可搭乘火车Amtrak。Amtrak车站在市中心靠近G St.的地方，从东边的校园走到车站只需10分钟左右；搭Amtrak到里奇蒙（Richmond）换Bart可到旧金山市中心或者旧金山国际机场。

Amtrak时间表和票价 http www.amtrak.com

beautiful view

加大戴维斯分校10大美景

1. 戴维斯分校植物园
   UC Davis Arboretum
2. 蒙大威中心
   Mondavi Center
3. 学生活动中心
   Memorial Union，简称MU
4. 彼得·西尔德图书馆
   The Peter J. Shields Library
5. 蛋头系列
   The Egghead Series
6. 大草坪
   The Quad
7. 活动休闲中心
   The Activities & Recreation Center，简称ARC
8. 校友与游客中心
   The Walter A. Buehler Alumni and Visitors Center
9. 自行车棚
   Bike Barn
10. 简仓中心
   Silo Union，简称Silo

植物园内部

加大戴维斯分校10大美景

Top 1 戴维斯分校植物园 MAP:D4
UC Davis Arboretum

戴维斯分校植物园坐落于校园内，建于1936年，占地40公顷。戴维斯位于加州中央山谷内，属于地中海式气候，植物园里有超过4000种生长于此气候的植物，因此，植物园可以说是一个生态博物馆和公共花园。除此之外，植物园里还有一条总长4公里的小径，经过时总可以看到爱运动、爱阳光的加州人在那儿跑步、散步、漫步或滑旱冰。如果不想运动也没关系，植物园也是个适合放松休息、读书或者睡午觉的好去处，植物园入口处有一大片很醒目的湖，在湖四周的大草坪总是可以看到躺在草地上享受加州阳光的人们。

至于为什么植物园会被列为景点第一名，就像国内许多大学的自然景观一样，有湖、有树、有小径的庭园是情侣们公认最适合漫步、约会的美丽景点，我的美国朋友Dionne就是在植物园里答应她男友的求婚的！

植物园入口处。

Info

- 24小时开放的户外植物园
- 免费，但若植物园内有特殊活动则须先上网预约参加
- arboretum.ucdavis.edu

植物园内。

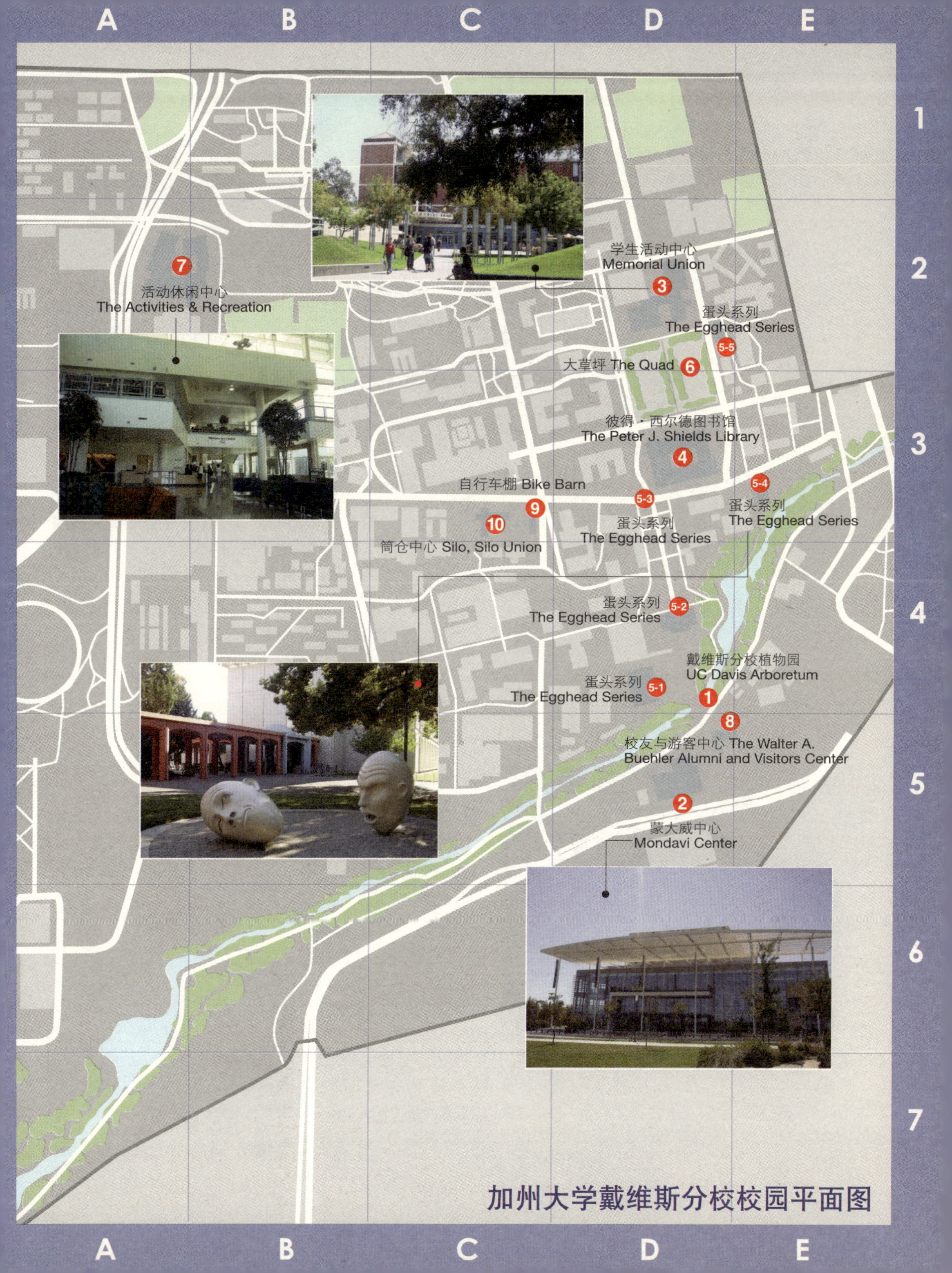

加州大学戴维斯分校校园平面图

Top 2

蒙大威中心 Mondavi Center MAP:D5

蒙大威中心是以加州葡萄酒酒神Robert Mondavi的名字命名的。2002年开幕时主要供戴维斯交响乐团表演之用，今日已开放并成为当地和世界知名的艺术表演中心。蒙大威中心的演出包括音乐会、舞蹈、戏剧及其他各种艺术表演。中心有两处主要表演场地Jackson Hall和Studio Theater，前者为表演大厅，可容纳1 800个座位，后者为小型剧院，可容纳250个座位。

若没时间前往蒙大威中心欣赏表演，强烈建议晚上到中心外围欣赏这座极具现代感的建筑，以印度运来的砂岩为主要建材，在夜晚的路灯和外面高速公路上车水马龙的陪衬下，别有一番特殊风味。

Info

- 周一～周五10:00～18:00，周六12:00～18:00
- 各表演不同，请登录网站查询订购
- www.mondaviarts.org

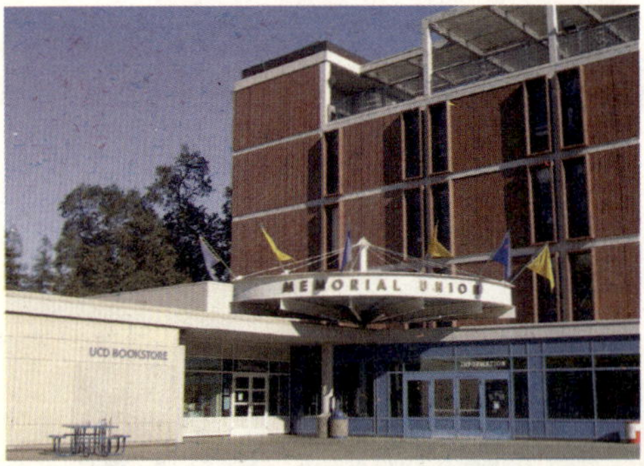

Top 3

学生活动中心 MAP:D2 Memorial Union，简称MU

MU是戴维斯分校校园里最热闹的地方之一，尤其到午餐时间，MU里的餐厅一位难求，因此许多人纷纷坐在MU外的草地上用餐并享受阳光。MU里除了餐厅之外，还有画廊（在二楼）、邮局、旅行社、书局和游戏区。在书局里游客们不仅可以买到戴维斯分校的纪念品，还可以买到便宜的倩碧（Clinique）化妆品呢！至于地下室的游戏区，可以说是学生的最爱啊！不仅有类似台湾“汤姆熊”的游乐设施，还有保龄球馆和台球厅，平日学生打一局保龄球只要$1.5，而一般民众则是$2.4；台球学生每小时$4.8，一般民众$6.6。

MU的入口外即是Unitrans在校园的总站，交通高峰时段可以看到很多红色巴士同时在MU前面穿梭。车站前面的英国风格电话亭，总给人一种复古的感觉。

Top 4

彼得·西尔德图书馆 MAP:D3

The Peter J. Shields Library

彼得·西尔德图书馆是戴维斯分校的总图书馆，是加州大学系统的第三大图书馆，藏书超过300万册。自1940年开始，总图书馆共经过三个建造时期，也因此，如果仔细地绕图书馆走一圈，会感觉到它与众不同的建筑风格。此外，在图书馆内部也有许多艺术学院成员的艺术作品，比如摄影、雕刻、壁画、版画和陶艺，等等。彼得·西尔德图书馆的宗旨之一即是“使图书馆成为美轮美奂，且所有加州人都能乐在其中的公共设施”。不像一般学校图书馆严格限制入馆人士，戴维斯分校的图书馆不需证件就能进门参观，访客们下次来戴维斯，只要直接站在图书馆门口，自动门就会打开迎接你了！

Top 5

蛋头系列 MAP:D2, E3, D3, D4

The Egg Head Series

蛋头系列大概是所有戴维斯学生公认最能代表戴维斯分校特色的地标了。蛋头系列是类似蛋头形状的人像雕塑，由前戴维斯分校艺术教授Robert Arneson设计与雕刻，在校园内分布在五个不同地点，而每个地点的人像表情均因所在地点不同而不同。

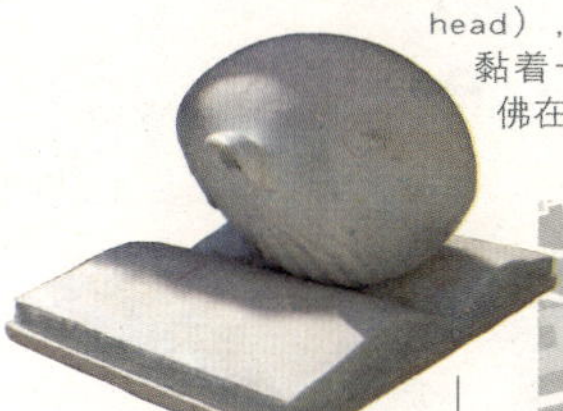

在学校总图广场前的蛋头叫做“书头”（Book head），蛋头正面黏着一本书，仿佛在看书。

最后一个蛋头叫做“梦想家”（Stargazer），这个仰望着天堂的蛋头坐落于东门附近，这里是戴维斯分校最早的入口。

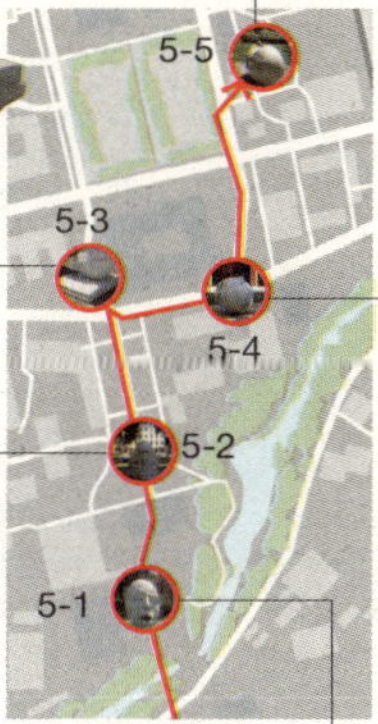

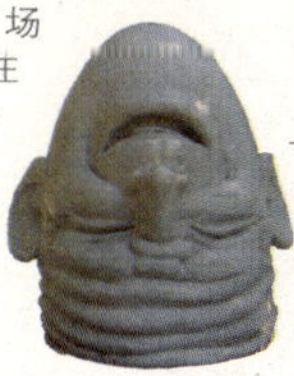

在行政大楼Mark Hall前广场的蛋头为“注视Mrak”（Eye on Mrak），这是一个头朝下、直视着行政大楼的蛋头。

位于表演艺术院前广场的蛋头为“阴阳”（Yin & Yang），可以看到一个蛋头闭着眼睛正在说话，而另一个蛋头背对着冲话的蛋头，竖起耳朵在听其讲话。

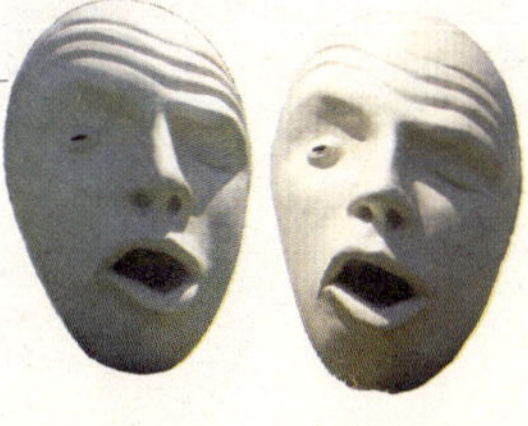

在法学院前的两个蛋头名为“看不到邪恶／听不到邪恶”（See No Evil / Hear No Evil），这两个立于两个小山丘、面对面的蛋头，各闭着一只眼睛，而且还没有耳朵。

蛋头地图：http eggheads.ucdavis.edu/tour/tour.html
可爱有趣的蛋头系列总共有5处，感兴趣的游客可以按图索骥，将5个蛋头系列尽收眼底。

Top 6 大草坪 The Quad MAP:D2

位于学生活动中心MU南面的大草坪是整个校园的中心，因为邻近MU，所以也是学生们喜爱的聚集地。天气好的下午，可以看到学生们坐在草坪上读书或睡午觉，也可以看到玩飞盘或是踢足球的学生。此外，大草坪也是许多节庆和表演活动的场地，像戴维斯分校一年一度、最著名的野餐日（Picnic Day），同时也是校园的年度公开参观日（Open House），就是以大草坪为主要活动中心。戴维斯的野餐日是全美最大的由学生策划的活动，自1909年举办至今，近年来日参加活动人数达到5～6万。在野餐日当天，大家除了可以坐在草坪上野餐外，还可以欣赏军队、游行、乐团等娱乐表演；此外，在草坪的周围还有各式各样不同的展览。

Picnic Day举行时间：每年4月的第三个周六。

Top 7 活动休闲中心 MAP:A2 The Activities & Recreation Center，简称 ARC

ARC是2004年才启用的新体育馆，是一座颇具现代感的建筑物。ARC总共有两层，一楼有多功能活动中心、宽敞的重量训练区、攀岩墙、会议室、四个室内篮球场以及销售区等；二楼则是许多有氧运动课和武术课的教室，以及八个壁球场、跑道和更多健身区等。

Top 8 校友与游客中心 MAP:D5
The Walter A. Buehler Alumni and Visitors Center

在蒙大威中心旁的校友与游客中心是一座外观漂亮且多功能的中心，有室内和露天的场地提供给校友和教职员工举行会议、宴会或是婚礼。中心里还有两处美术展览馆供游客参观，在中心大厅可以索取戴维斯分校资料及周边旅游景点的册子。若需要校园导游的游客可事先在网上向中心报名，导游时间大约是90分钟，由戴维斯分校负责导游的学生带领游客逛一圈戴维斯的著名景点，导游的第一站即是校友与游客中心。

Info

- 周一～周五08:00～17:00，周六09:00～16:00，周日10:00～15:00
- 免费
- www.alumnicenter.ucdavis.edu
- 导览报名网址：visit.ucdavis.edu/dept_cont/tourreg/index.cfm

Top 9 自行车棚 Bike Barn MAP:C3

身为“自行车之都”的戴维斯，方便就近的自行车店是一定要的。在筒包中心附近的自行车棚正符合学生们的需求，学生不但可在这里买到新旧自行车、维修自行车或购买自行车所需零件，还可以免费向店家借工具自己修车，棚外还有三处充气机(Air Pumps)供学生们打气。像戴维斯分校其他的服务场所一样，自行车棚也是完全由戴维斯的学生经营的。

此外，车棚也提供自行车出租服务，它也是美国西岸最大的自行车出租店之一，共有超过250辆自行车可供出租！如果远远看到好几排密密麻麻的自行车，就知道自行车棚在不远处啰！

Top 10 筒仓中心 MAP:C3
Silo Union，简称 Silo

Silo建造于1908年，是戴维斯分校最早期的建筑物之一。Silo最早是学校的谷仓，现在成了多元化的活动中心，而外部却仍保持着当初谷仓的外形。Silo里主要是快餐厅，比如必胜客（Pizza Hut）、Taco Bell、Carl's Jr.和迷你星巴客等。除了餐厅外，在南Silo还有法学院的书局和手工艺中心（Craft Center），中心还为学生和一般民众提供许多有趣的手工艺课程。

另外值得一提的是，Silo里的实验学院（EC，Experimental College）以低廉的学费为戴维斯居民提供近百种课程，课程种类包括料理、语言、心理成长、瑜伽、音乐、武术、舞蹈等，不但如此，只要学生们有任何一技之长想来开课，EC也会张开双臂欢迎哟！

Info

- 周一～周四07:30～21:00，周五07:30～17:00

加大戴维斯分校周边吃喝玩乐

有趣的广场集市与商场

1 农夫市场（Farmers Market）

➡ 4th & C St.（在Central Park里）

农夫市场的时间是每周三下午和周六上午，由当地农夫和小型公司摆摊，在那里可以买到各种新鲜的农产品和蔬果，也有各种餐车来销售简单的餐点。每到夏天，农夫市场总是学生和家庭的休闲好去处，除了有许多娱乐表演外，旁边广场的喷水池更是小朋友玩得不亦乐乎的地方。

若有机会到Central Park里的农夫市场，强烈推荐那里卖的爆米花，摊位上有个斗大的招牌，号称“全美最好吃的爆米花”，虽然我没尝遍全美各地的爆米花，无从比较，但农夫市场的爆米花可是笔者每次必买的食物哟！

2 戴维斯共堂（Davis Commons）

➡ 在E St. 上，1st St. 和Richards Blvd.交叉口

这是一个鞋盒式外观的小型购物中心，虽号称是Downtown的购物中心，但里面的店家不多，有美国连锁书局Borders、Bathand Body Works（美国最受欢迎的沐浴乳品牌）、Ben & Jerry's、Gap、Jumba Juice、Papyrus、Pluto's等店家。

3 E街广场（E Street Plaza）

➡ E St.上，2nd St. 和3rd St. 中间

这里有笔者最爱的泰国餐厅Thai Bistro和冰淇淋店Baskin Robbins、一家中国餐厅“长城”和一些精致小店。周二、周五的晚上总是可以看到人潮聚集在广场中心，周二是因为Baskin Robbins的冰淇淋晚上6点后只要$1，吸引许多学生前来排队；而周五晚上则是因为广场前有乐团表演，不只有观看的人潮，也有不少人会跟着音乐一起舞动。

4 大学商城（University Mall, 简称 U-Mall）

➡ 在Russel Blvd. 上，Sycamore Lane和Anderson Rd. 中间

U-Mall是戴维斯较具规模的商城，但因为戴维斯是大学城的关系，这个商城一点儿都不大。商城虽小，却因为地理位置靠近大学生宿舍的关系，是许多学生们聚会的首选。商城里有戴维斯市唯一的一座百货公司Gottschalks、销售进口精品和食物的Cost Plus World Market、亚洲学生们最爱去的古茶天（戴维斯唯一卖珍珠奶茶的中式餐厅）、美国大学生最爱去的酒吧The Graduate（万圣节时有精彩的化装舞会比赛），以及其他零星小店家。

美食餐厅

坐落于中央山谷的戴维斯市，没有大城市的繁华和喧闹，但便利的生活设施，悠闲的生活节奏，以及居民们对这座小城市的向心力，往往让来访的游客一到这里就能感受到温暖，大学城内的生活设施应有尽有，生活节奏美食餐厅与消磨时间的购物中心但凡均能快速到达。

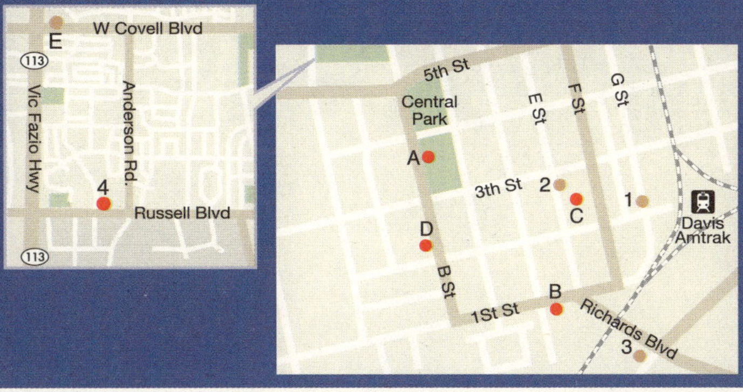

A Fuji Chef 日本料理

➡ 213 G St., Davis

Fuji Chef大概是全戴维斯最受欢迎的日本料理店，平日中午有$10.95的自助餐，晚上则是点餐服务。每到中午时刻，总会看到学生们大排长龙。笔者曾有一次中午12点去，但是排队直到下午1点多才吃到的经历。

B Thai Bistro 泰国料理

➡ 234 E St., Davis

戴维斯有5家各具特色的泰国料理店，位于E街广场里的Thai Bistro是笔者最常去的店，店里的店员和厨师均为泰国人，且店内装饰也很有泰国风味。午餐有经济套餐，一份只要6～8美元不等，晚餐则是点餐式的，推荐点泰式无骨鸭（Ped Tod Krob）和泰式炒面（Pad Thai）。

C Redrum Burger汉堡店

➡ 978 Olive Drive, Davis

“Redrum”这个词反过来念就是“Murder”，因此戴维斯人也习惯称呼它为“Murder Burger”，招牌下面写着“So good they're to die for.”也就是汉堡好吃到可以为它去死啦！除了好吃的汉堡外，店里还有各种不同口味的奶昔，另外还可以要求店员帮你调制专属口味的奶昔呢！

D Ciocolat甜点店

➡ 301 B St., Davis

Ciocolat是戴维斯较精致的甜点店，店面虽小，但总是高朋满座，店里还有咖啡饮料服务及简单的加州式午餐可供选择，比如沙拉、各式三明治等。夜晚的Ciocolat很有气氛，店外的栏杆和树上装饰的灯很适合在一顿浪漫晚餐后想找地方喝咖啡的情侣们。

E Dos Coyotes 美式西南方料理

➡ 1411 W. Covell Blvd, #107 & 108（**北戴维斯**）
2191 Cowell Blvd, Ste. A（**南戴维斯**）

这是1991年始于戴维斯的连锁店，现在在首府沙加缅度也有许多分店。店里主要销售类似墨西哥料理的美国西南方料理，特别推荐店里的卷饼（Burritos）和起司饼（Quesadilla），每份价格便宜（$6～8不等）但分量非常大，而且店内的各种调味料和蘸酱均是自助式，饕客可以根据自己的喜好进行调配，非常过瘾。

伯克利

加州大学伯克利分校

University of California,Berkeley，简称UC-Berkeley

院系：环境经济与政策系，2008级

博客的重度中毒者，什么鸡毛蒜皮的小事都会写在博客上与朋友分享。

喜欢看书、旅游、写作，是个出了名的“大胃王”。

作者：黄姿蓁 **Nicole**

University of California, Berkeley,
State of California. United States of America (USA)

U.C.Berkeley

城　市：伯克利在旧金山东北方，邻近奥克兰市（Oakland）
州：加利福尼亚州（California）
吉祥物：Oski，是一只脸上随时都挂着微笑的熊
代表色：蓝色、黄色
学校官方网站：http://www.berkeley.edu
加州大学伯克利分校中国学生学者联谊会网站：
http://bcssa.us/wp

Berkeley & UC-Berkeley

伯克利 & 伯克利分校

加州大学伯克利分校是加州大学(University of California,简称UC)系统中历史最悠久的一所分校，创建于1868年，是所有UC的前身。19世纪中期在旧金山掀起的淘金热（Gold Rush）为加州带来巨大的人潮，不少心怀黄金梦的淘金客选择在加州落地生根。当时的加州议员坚持创办一所“比黄金更能为未来的加州人民带来幸福与光荣”的学校。就这样，一所全世界最好的公立大学就此诞生。

学校简介

加州大学的诞生之路并不顺利，刚开始就因为资金短缺而显得困难重重。借由两所学校（College of California 和 The Agricultural, Mining and Mechanical Arts College）的合并，才有了最初的校园与师资。在后来历届校长的努力下，加州大学伯克利分校渐渐在学术界建立起声誉，成为今天为世界培育出多位诺贝尔奖得主的学术摇篮。

校区依山而建又傍海而居，是一座自然景观十分丰富的大学城。伯克利分校出名的可不只是它在学术界的成就。早期的淘金热潮为加州带来为数不少的移民，而在移民潮的冲击下，伯克利分校比一般大学更为自由、前卫而多元。20世纪60年代在美国大学生间掀起的言论自由抗争便是由伯克利的学生倡导的。深受嬉皮文化的影响，这所有百年历史的学校比起一般的学术研究大学少了几分严肃，多了些随性。因为伯克利分校为第一所加州大学，所以又被称为“CAL”，即是加州（California）的简称。

伯克利分校最引以为傲的是它在理工方面的成就，无论在物理、化学、电脑、工程等领域，都有非常杰出的表现。同时，商学、生物、经济、建筑等学科也有相当高的排名。伯克利几乎所有的院系都在全美排名前十名，就一所公立大学来说，可以说得上是成绩斐然。

此外，伯克利与近代科学的演化息息相关，目前已发现的化学元素中就有两个以伯克利命名，分别为锫（Berkelium）与锎（Californium）。在第二次世界大战中，伯克利的劳伦斯国家放射实验室（Lawrence's Radiation Laboratory）也曾承包了美国军方制造原子弹的工程。

校园一角绿草如茵。

学校声望&杰出校友

英特尔（Intel）创始人之一：
戈登·摩尔（Gordon E. Moore）

苹果电脑创始人之一（负责设计苹果Ⅰ型与Ⅱ型电脑）：斯蒂夫·沃兹尼亚克（Steve Wozniak）

前白宫总统顾问：玛丽亚·埃沙维斯持（Maria Echaveste）

前中国台湾省省长：宋楚瑜

加州大学伯克利分校为世界知名的学术研究大学，在众多权威学府中名列前茅，常年被评为“世界最佳公立大学”，甚至在与私立名校的评比中也不遑多让，许多院系都有前几名的成绩。目前在校学生共有33 000人左右，其中大学部约23 000人，其余为研究所人员。学生里亚裔占4成、白人3成、拉丁裔1成，还有非洲裔、美国原住民等不同族裔。教学师资队伍共2 000人左右，目前在教职的诺贝尔奖得主共8人。除了诺贝尔奖得主之外，师资队伍中还有许多位美国国家科学奖章得主与院士。

伯克利的校友遍布各个领域，其中有61位诺贝尔奖得主，人数之多，居世界排名第五位。

这几位诺贝尔奖得主都来自伯克利分校：

- Melvin Calvin，卡式循环的发现者，1961年诺贝尔化学奖得主，现为伯克利分校化学学院教授。
- 朱棣文，1997年诺贝尔物理学奖得主，现成功以激光来冷却并捕捉原子。
- 李远哲，中国台湾知名科学家，是1986年的诺贝尔化学奖得主。
- DouglassCecilNorth，1993年诺贝尔经济奖得主，美国著名经济学家。

伯克利分校的传统

身为一所有百年历史的大学，伯克利分校当然有一些有趣的传统，除了在必游景点中粗略提到的一些，以下会再多做些说明，希望能让各位在前往游览时能更融入当地风俗，体会一下伯克利人的生活。

学校颜色与吉祥物

伯克利分校的代表颜色是蓝色与黄色，蓝色代表加州蓝蓝的好天气与太平洋湛蓝的海水。除此之外，由于许多当初一手创建伯克利的元老、先驱都是耶鲁大学(Yale University)的校友，为了表达对耶鲁大学的尊敬与饮水思源的精神，采用蓝色也等于是采用耶鲁大学的校色。而黄色则代表加州的黄金，因此，虽然是黄色，但却代表着Gold，而不只是Yellow!

校园里的熊雕像。

学校的吉祥物则是一只脸上随时都挂着微笑的熊。这只熊名叫Oski。每当学校举办运动比赛或是有聚会时，都能看到Oski蹦蹦跳跳的身影。

在伯克利有个“通关密语”，只要你敢大声说出“Go Bears!”就会有其他学生响应并给予热烈回应。在美式足球赛期，如果有幸前往伯克利一游，保证会听到此起彼落的“Go Bears!”

暮色中的校园。

Big Game周经特别装饰的萨瑟钟塔。

最大的“宿敌”

同样为享誉国际的名校，伯克利分校与斯坦福大学（Stanford University）可以说是百年宿敌。一所为公立名校，另一所则为私立名校，这两所大学在这百年来无不铆足全力较劲，不管是在学术与运动上都是如此。每位伯克利新生都会被教导听到斯坦福大学这几个字时要做出嘘声。

每年12月都会举行与斯坦福大学的美式足球比赛，又称“Big Game”，在比赛举行当周，学校里都会有各种活动来提升学生士气。记得，如果在“Big Game”周走在伯克利校区，千万不要穿红色的衣服，小心会被斗志高昂的学生嘘哟！由于“Big Game”周有许多学生活动，想真正体验伯克利学生生活的人可以选择这个学校最热闹的时候前往旅游。

排字达人（Card Stunts）

大家一定看过，在国际性的体育竞赛中，观众席上的观众纷纷拿起五颜六色的大纸板拼出文字甚至图片。没错，这种能凝聚强大向心力与向敌队呛声的做法就是由伯克利的学生在100年前发明的。当时正值与斯坦福大学的“Big Game”，学生们拼出了一个代表加州大学的大大的“C”。这个做法便成为了伯克利的传统，拼出的图样也日渐进化，现在甚至还能做出动画一般的效果，每次都让人看得惊叹无比。

Big Game周经特别装饰的萨瑟大门。

没门把的门

在伯克利校区内，只要你留意，就能发现某些建筑的大门上没有门把。这些建筑多半是学校的行政建筑。在学生运动的全盛时期，组织游行抗议的学生为了让学校的行政部门正视学生的要求，都会把行政建筑物的门把用铁链圈起来，造成行政人员出入的不便。久而久之，校方也变聪明了，只要把门把拆掉，自然也就没有铁链的问题，所以只要有两扇大门以上的行政建筑，其中有一扇门就会没有门把。

“奇人异士”

在伯克利校区或街头总会有些街头艺人或“奇人异士”出没。每个周二下午，会有一位白头发的老先生穿着奇怪的服装在萨瑟大门旁边的Dwinelle Hall前进行演讲。学生们都叫他Stony，他演讲的内容不外乎是批判现今美国政策。他会利用口哨、玩具等工具做辅助，口气既辛辣又幽默，有不少学生都是他的“粉丝”。

还有一位“Happy Happy Happy Man”时常出现在史波广场与电报街的交叉路口，他通常穿着绿色的衬衫，举着大字报与标语，站在叠在椅子上的水桶上，嘴里大喊“Happy, happy, happy”，后面则会接些讽刺的话，大字报上写的多是对美国与亚洲现状以一种宗教的观点提出嘲讽。更妙的是，这位“Happy Happy Happy Man”是位会讲中文的中国台湾人！

如何到达加州大学伯克利分校

诺贝尔奖得主专用车位

诺贝尔奖得主在伯克利有什么特权？除了受到其他师生的尊敬之外，学校还会特别设立专属停车位哟！这些车位位于萨瑟钟塔的北边，只要蓝色的牌子上写着“NL Permit Only”，就代表这是伯克利的诺贝尔奖得主专属车位。

伯克利是个大学城，人口密集面积又不大，在伯克利开车很伤脑筋，一大堆单行车道加上处处人流，行车要特别小心，而且在伯克利停车位可是很难找的，所以最好的交通工具就是两条腿。如果需要，也可搭公车，不过公车是由郡政府承包，除非是伯克利在校学生可免费乘坐，否则不便宜，坐一趟要$1.75。不过公车来往十分密集，也可搭公车到邻近城市，比如说到奥克兰市或旧金山市。

如何从旧金山国际机场到伯克利分校

方法1 开　车

如由旧金山国际机场开车前往伯克利，上101号公路往北，经匝道到旧金山，接道I-80往东走港湾大桥（Bay Bridge）。过桥之后注意高速公路上的标示，走往Berkeley方向的车道，下University Ave.交流道，于Oxford Street右转即可到达，车程约35分钟。

方法2 捷　运

如搭乘湾区捷运系统（BART）前往伯克利，从旧金山国际机场（Millbare站）乘红线前往Richmond方向的列车，在Downtown Berkeley站下车，约60分钟车程。在Downtown Berkeley站下车后，往东步行约3分钟，即可看到伯克利分校的西门入口。同样地，也可乘坐BART前往不同的城市，交通非常便利。

校区相关大众运输工具的网站

Alameda县所属的公车AC Transit：
http www.actransit.org

伯克利分校交通资讯网站：
http pt.erkeley.edu

beautiful view

加大伯克利分校10大美景

1. 萨瑟钟塔 Sather Tower
2. 萨瑟大门 Sather Gate
3. 史波广场 Sproul Plaza
4. 窦氏纪念图书馆 Doe Memorial Library
5. 生物科学馆 Valley Life Science Building
6. 威廉·罗道夫·赫斯特希腊剧场 William Randolph Hearst Greek Theatre
7. 加州纪念竞技场 California Memorial Stadium
8. 赫斯特采矿纪念馆 Hearst Memorial Mining Building
9. 东亚图书馆 C.V. Starr East Asian Library
10. 南馆 South Hall

每个角落都看得到钟塔。

加大伯克利分校10大美景

Top 1

萨瑟钟塔Sather Tower MAP:B3

这是伯克利最著名的地标之一，也是美国最高的钟塔。从远处就可看到高耸的钟塔立在伯克利分校的正中心处。萨瑟钟塔建于1914年，耗时3年才完成。塔高93米，共有13层楼，外表充满浓浓的歌特式建筑气息。萨瑟钟塔又有一个小名叫做“The Campanile”（就是那个塔），大部分的伯克利人都这样称呼它。塔的西方正对着美丽的旧金山金门大桥，在晴朗的日子登上8楼的观景台可以看到整个旧金山海湾及金门大桥。这个全美国最大的钟塔里共有61组钟，最小的钟重19磅，而最大的钟则重达10 500磅。

圆球状雕刻。

萨瑟钟塔与伯克利学生的生活密不可分，学生们只要走在校园里，一抬头就可以看到镶在钟塔四面的时钟。除了具有报时的功能外，每天早、午、晚钟塔都会由学生敲击钟琴演奏一些著名的曲子，从古典乐到披头士的音乐都有可能从钟塔悠扬传出。学校特地开设钟琴教学班，培训有兴趣的学生演奏。每学期最后一天的正午，则会由一位即将毕业的大四生演奏这学期最后一首乐曲。值得一提的是，这首乐曲有个悲伤的曲名，叫做*They're Hanging Danny Deever in the Morning*（Danny Deever被处绞刑的早晨），在这首曲子后，直到期末考完全结束前，钟塔将不再演奏任何乐曲，以确保学生能安静地准备考试。这是一项从1930年开始伯克利分校就一直保持着的传统。

钟塔的阶梯还有一项意想不到的功能，就是用来储藏化石标本。因为钟塔长年干燥，十分有利于保存化石，所以学校考古系的许多化石标本都是放在钟塔的阶梯里面。

钟塔下方是一个小小的公园，在钟塔入门处有一张石头长凳，椅背上刻着两只看起来十分沉痛哀伤的小石熊。这对小石熊正在悼念在第一次世界大战中失去生命的伯克利人。入口处的地上镶有一块长方形的纪念碑，用来纪念负责设计建构此塔、同时也一手包办校园许多重要建筑的建筑师John Galen Howard。这块纪念碑有个传说，只要是不小心踩上纪念碑的学生，都要亲吻对面不远的石球雕刻，否则这学期的成绩将会面临很大的危机。

地上的纪念碑。

Info

$ 坐电梯上观景台需要付费，但伯克利分校学生持学生证免费。
一般大众：$2；老人与儿童：$1

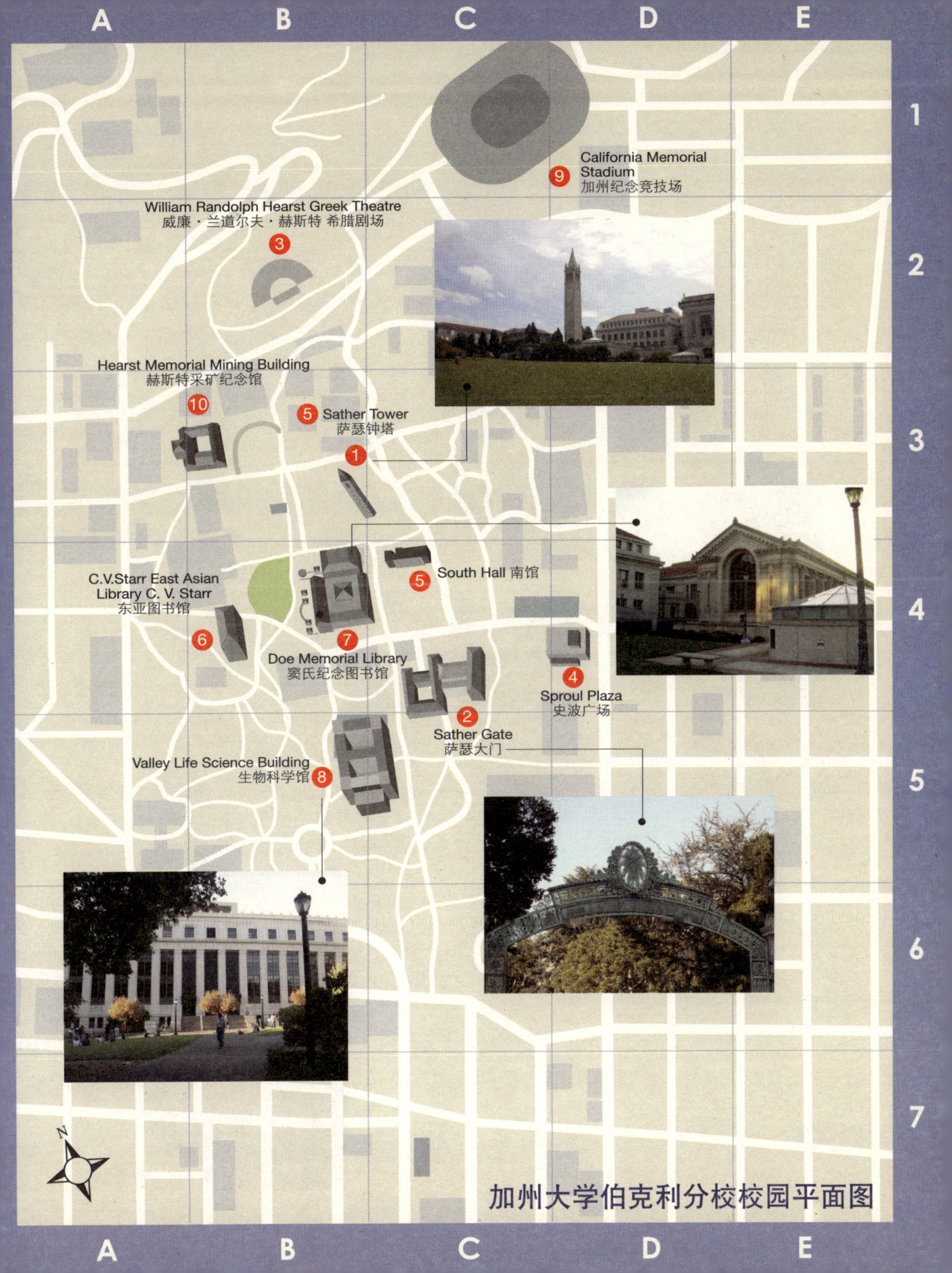
A B C D E
1 2 3 4 5 6 7
California Memorial Stadium
加州纪念竞技场
William Randolph Hearst Greek Theatre
威廉·兰道尔夫·赫斯特 希腊剧场
Hearst Memorial Mining Building
赫斯特采矿纪念馆
Sather Tower
萨瑟钟塔
South Hall 南馆
C.V.Starr East Asian Library C. V. Starr
东亚图书馆
Doe Memorial Library
窦氏纪念图书馆
Sproul Plaza
史波广场
Sather Gate
萨瑟大门
Valley Life Science Building
生物科学馆
N
加州大学伯克利分校校园平面图

Top 2 萨瑟大门 Sather Gate MAP:C5

从萨瑟大门底下走过，就好像正式进入了伯克利的大门，立刻可以感受到这所百年名校的悠久岁月所累积而成的静谧氛围。与萨瑟钟塔并列为伯克利最具代表性的地标，同时也是伯克利精神的象征。萨瑟大门与萨瑟钟塔一样，都是出自John Galen Howard的设计，这座自1910年就矗立在伯克利大学南边入口的绿色大门，在近100年的岁月里，见证了伯克利的光荣历史，因其悠久的历史已被加州政府正式列为加州历史性地标。

大门上镶着8片刻有4个裸男与4个裸女的大理石石板，这4男4女分别代表8种不同的学术领域*。关于这几块石板有一段有趣的小插曲：当这8块石板刚被装上去的时候，因为当时保守的民风，那时的学生显然很不欣赏这种裸体艺术，并想尽办法把不该裸露的部位盖起来。捐赠这座大门的萨瑟夫人注意到了这点，她认为身为大学生应该了解“为艺术裸体”与“裸露”的不同之处，所以她便决定把这8块石板撤下。直到1970年前后，这八块石板才从仓库取出重新镶到原来的位置。

裸女石板。

萨瑟大门正对着史波广场（Sproul Plaza），每日中午为学生流量最多的时候，数以千计的学生从绿色大门下穿过，是整个校园最热闹的地方。

*男性：文学（Letters）、矿业（Mining）、医药（Medicine）、法律（Law）；女性：电能（Electricity）、农业（Agriculture）、建筑（Architecture）和艺术（Art）。

Top 3 威廉·兰道尔夫·赫斯特希腊剧场 MAP:B2
William Randolph Hearst Greek Theatre

如果稍作留意的话，不难发现历史较悠久的伯克利建筑都带有浓浓的古希腊风格，而在校园内更是有一座仿照古代希腊剧场所建的大型剧场。威廉·兰道尔夫·赫斯特希腊剧场被伯克利人简称为“希腊剧场”（Greek Theatre），建于1903年，全场可坐8 500人。自从希腊剧场落成，就有许多大小团体在此演出；而剧场还有一个任务，就是举办每学期末的毕业典礼。

每年12月前后，在美国大学美式足球联赛的高潮时期，伯克利分校与斯坦福大学也会有一场美式足球大对决（Big Game），在Big Game前夕，都会在希腊剧场举行篝火大会，为学校的美式足球球员加油打气。伯克利的学生都十分富有学校精神，每次篝火大会都会看到剧场坐无虚席，大家对着直冲上天的篝火大声呼喊着学校口号。这个篝火大会也是加州政府允许的规模最大的篝火大会。

Info

$ 视剧场内举行的活动而定，不定时开放，如有疑问请咨询UC Berkeley Public Affair Office：publicaffairs@berkeley.edu

Top 4 史波广场 MAP:D4 Sproul Plaza

史波广场位于伯克利校园南边，南接电报街（Telegraph Avenue），北接萨瑟大门，是伯克利大学最朝气蓬勃的地点，只要在学期中来史波广场一趟，就能看到许多社团在广场上“摆摊”招揽新社员或是进行宣传活动。正午时分的史波广场是人最多的时候，大家可以去感受一下人山人海的感觉。

史波广场不只为学生活动地点，更是伯克利精神的诞生地。至于何谓“伯克利精神”，除了追求学术上的成就之外，不少伯克利人以捍卫社会人文为己任。20世纪60年代震撼美国社会的“言论自由运动”（Free Speech Movement）就是在史波广场由伯克利学生发起：1964年，学校的行政机构明言禁止学生公开在校园讨论政治，更要求学生不得讨论任何有关越战的话题。学生们对这种规定感到愤愤不平，他们立刻发起了示威抗议要维护美国宪法给予所有美国人言论自由的保证。这波学生运动的风潮无疑是给政府以及所有高级知识分子一记当头棒喝，借由伯克利学生的声音告诉社会人民拥有的权利是不容忽视的。当年的言论自由与反战运动造就了今日校风前卫、开放的伯克利，也许今日的学生们已不如40年前激进，但不时还是可以见到学生自己组织的示威游行，对社会上不公平的现象提出抗议。

史波广场的地上有一个言论自由纪念碑，创设于1991年。这个不起眼的纪念碑是一个15厘米的小圆洞，旁边环绕着花岗石，花岗石上刻着“这块土地与天空不隶属于任何国家且将不受任何管辖权支配”（This soil and the air space extending above it shall not be a part of any nation and shall not be subject to any entity's jurisdiction.）。不过没有人能够装进这个15厘米的小洞，代表言论自由尚未被贯彻，这仍是要努力达成的目标。

Top 5 南馆 South Hall MAP:C4

南馆位于萨瑟钟塔西边，外表由红砖建成，散发着古老英伦气息。这栋看来很有历史感的南馆是全校最老的建筑，建于1873年，如今被美国联邦政府列为历史地标。全美国第一个物理实验室就是在1879年设立于南馆之中。

伯克利校区里“藏匿”着许多熊的雕像，而最小的熊雕像就位于南馆的屋檐上面。如果带着小朋友前往参观伯克利时，不妨进行一趟寻熊之旅，找找校园里到底躲着几只熊。博物馆旁边有一个附设的小咖啡厅可供休憩聊天，内部很有印地安朴实原始的风格，逛校园腿酸时可以过来稍事休息。

Info

免费，一般游客均可参观。

Top 6 东亚图书馆 MAP:B4 C.V. Starr East Asian Library

为伯克利分校最新的建筑，存放伯克利所拥有的90万册东亚书籍，以及许多极其稀有珍贵的古书、地图与字画，收藏之丰富可能连中国、日本、韩国当地都难以比拟。图书馆共有四层楼，占地6 300平方米，外围三面镶着在中国铸造的大型青铜屏风，外墙由从中国运来的花岗石板建成。从东亚图书馆的入口平台处看向萨瑟钟塔的方向，可将纪念草坪、窦氏图书馆和萨瑟钟塔的景致尽收眼底，不可错过。

Info

只要持有带照片的证件即可进入，不需任何费用。

Top 7 窦氏纪念图书馆 Doe Memorial Library MAP:B4

一所大学拥有多少资源，可以从其图书馆探知一二。伯克利拥有公立大学排行第一的藏书量，甚至在全美国图书馆中都排行第四，有藏书共1 000万册左右。窦氏纪念图书馆是伯克利分校最主要的图书馆，建于1910年，外观采用严谨的古典希腊式建筑风格；1997年，窦式图书馆进行了大规模的改建与重整，延伸到地下四层楼，与莫费大学部图书馆（Moffit Undergraduate Library）连接。除此之外，还在地面上建了四个巨大的天窗，让自然光线也能照进地下四楼。

窦氏图书馆内有两个阅览室，内部装潢都十分古典华丽，提供各种周期性的杂志刊物供学生阅读使用。其中一个阅览室的天花板刻着早年由学校圈选出对人类文明有重大贡献者的名字。

窦氏图书馆的入口大门上有雅典娜女神头部的雕像。在伯克利有个传说，只要你从图书馆正门进入，雅典娜女神就会赐予你智慧，而在你离去时，她又会把赐予的智慧收回去，所以大部分的学生都会选择由正门进入图书馆，再由别的门出去，这样一来就可以保存着雅典娜女神的恩赐。

图书馆的大门正对着纪念草坪（Memorial Glade），这一大片绿油油的草地是学生们最爱的室外活动地点，常常可以看到学生们在上面打排球、玩飞镖、遛狗，等等。而爱晒太阳的加州人则最喜欢躺在草地上边看书边享受阳光，往往还有人躺在上面睡着慵懒的午觉呢！

Top 8 生物科学馆 MAP:B5 Valley Life Science Building

沿着萨瑟钟塔西方的小径一直往下走，就会看到一栋墙上有许多动物雕刻的巨大白色建筑。这栋建筑物是Valley Life Science Building，简称VLSB，是伯克利微生物系与生物系的系馆所在地。

VLSB建于1930年，在当时可是全美国最大的学术用建筑，如今排名则是密西西比河以西第二大。VLSB内有两个博物馆，一个是考古学博物馆，另一个是脊椎动物博物馆。考古学博物馆中藏有2 000万个标本，为美国第四大考古学博物馆。在VLSB的圆环楼梯处，可以看到一组复制的暴龙标本，它有个名字叫奥斯本（Osborn），只要VLSB开着，就可以看到站立的奥斯本守卫着这栋建筑。脊椎动物博物馆内则有80万个动物标本。这两个博物馆皆为学术研究之用，故不向公众开放，不过在每年的伯克利的开放参观日“Cal Day”*，这两个博物馆会配合开放展览，预定在4月时前往游览伯克利的人千万不要错过了。

* “Cal Day”日期每年不同，但都在4月中旬左右。2011年的Cal Day是4月16日。关于Cal Day详情请查询以下网址。

http www.berkeley.edu/calday

Top 9 加州纪念竞技场 California Memorial Stadium MAP:D1

这个可容纳75 000人的大型体育场建在伯克利校园东边的山坡上，建于1921年，离希腊剧场不远，为了纪念丧生于第一次世纪大战的师生而命名。虽然说名字叫做竞技场，不过大多都拿来举办美式足球比赛。美国大学生非常痴迷美式足球。每当有赛事举行，总是一票难求。球场里有超大彩色屏幕，用来同步转播比赛。每逢12月的Big Game，连球场上方的山坡都会坐满学生观赛，这个视野好又免费的山坡又别名Tightwad Hill。竞技场的地势颇高，站在上面可以眺望整个旧金山湾的美景，曾被票选为“最美的室外运动场”。

Info

$ 视运动场内举行的活动而定，为不定时开放，如有疑问请咨询UC Berkeley Public Affair Office：publicaffairs@berkeley.edu

Top 10 赫斯特采矿纪念馆 MAP:B3

Hearst Memorial Mining Building

采矿对于加州来说具有重大的意义，旧金山的崛起就是因为此地发现了金矿，因此在加州大学刚刚创立之际，采矿立刻成为首要的学科之一。这栋建于1902年的建筑是用来纪念一位美国伟大的矿业名人George Hearst，内部的天花板楼层结构都保有百年前的样子，纪念馆现被加州政府列为历史性地标。由于这栋古老的建筑位于校园内地震断层之上，再加上年久失修，学校在1997年对其进行了大翻修；现在已经重新开放，这栋充满历史感的建筑还加上最新的防震科技，在地震中重达27 000吨的建筑能够往任何水平方向移动0.7米。

Info

$ 免费，一般游客也可入内参观

Tourist Info

游客资讯

校方提供免费的校区导游服务，旅游团由受过训练的学生带领，学生将一路上为游客解说校园各处的历史。旅游团除了一些法定假日之外几乎天天都有，10人以下不需特别预约，只要在规定的时间到出发地点集合即可参加；若超过10人的团体则需另外预约，且需视人数多少缴纳相关费用（详细内容请上网www.berkeley.edu/visitors查询）。

集合时间：

1. 周一～周五：上午10点从University Hall的101号教室出发。University Hall同时也是游客中心，请善加利用。
2. 周六、周日：从萨瑟钟塔出发，不同的是，周六的旅游团是上午10点集合，而周日的则是下午1点集合。

加大伯克利分校周边吃喝玩乐

伯克利

伯克利的嬉皮角落

电报街（Telegraph Ave.）

除了伯克利主要校区之外，位于校园南边的电报街也是这个大学城的一大特点。电报街以嬉皮文化闻名，街上的小店大多都充满嬉皮气息。

伯克利有非常多的游民和街头嬉皮客，他们可能会上前向你要点零钱。通常他们是没恶意的，若你不愿意给，只要笑笑说声“sorry”或视而不见即可，不需有太大的反应。

人民公园（People's Park）位于电报街上的小公园，墙上被画满了彩色涂鸦，电报街上大麻泛滥，可能随时都会见到有人在进行交易，但入夜之后这里是游民的栖息处，请尽量避免出入。

请记得吸食大麻不管是在中国或在加州都是犯法的。此外，伯克利邻近的城市治安都不太好，所以天黑之后别前往人少或黑暗的地方，就算是白天，若要去较偏僻的地方也请结伴而行。

不过，对伯克利的治安状况不需要过于恐慌，以免影响旅游的兴致，一般的伯克利人是非常热情友善的。路上的游民就算没要到钱也不会有伤害别人的动作，许多常年在街头出现的游民甚至与学生们成了朋友。

二手书

喜欢买书的人有福了，电报街书店密集，有别于大型连锁书店，这些老板自己经营的小书店通常都有特别的主题，在Telegraph Ave.与Dwight Way的交界处，有一家二手书店叫Shakespeare & Co.，店里除了大量的莎士比亚著作之外，还有许多绝版、稀有的旧书。

二手衣

亚洲地区匠手兴起的古著潮流，其实在伯克利已经风行数十年，在Telegraph Ave.与Channing Way的交界处，有一家两层楼的二手衣店Mars Mercantile，店里放着震耳欲聋的迷幻摇滚乐，架上的衣服饰品都是横跨不同年代的古著旧衣，绝对是感受嬉皮气氛的最好地点。

二手唱片

爱音乐的人也会非常喜爱电报街，街上林立的二手唱片行会让你买到手软。不少人都曾在此处挖到早就绝版的CD，甚至黑胶唱片。在Mars Mercantile的对面有一家大型二手唱片行Rasputin Music，店里不管是摇滚、金属、Soul、Hip-hop，甚至是各国风情的音乐，应有尽有。

电报街上的刺青店闻名全国，不少艺人都是常客。值得一看的有手工艺品摊贩、水烟店与服饰店，“二手”生意在伯克利可是很兴盛的，二手唱片行、二手衣店、二手书店都是淘宝的好去处。

yummy food

美食餐厅

伯克利拥有多元的文化，这当然也反映在饮食上面。学校附近的餐厅选择非常多，不论你要吃美式、中式、日式、韩式、意式、墨西哥料理、地中海料理、印度料理等等应有尽有。大小餐厅散布在学校四周，步行可达的距离之内就有很多不错的餐厅。

在电报街（Telegraph Ave.）与大学路（College Ave.）往南走，都会找到许多别具特色的餐厅。电报街靠近奥克兰市的地方是韩裔居民的聚集地，当地有许多好吃又地道的韩国料理可供选择。大学路上的餐厅则比较偏欧美口味，有不少著名的咖啡馆与意式料理。

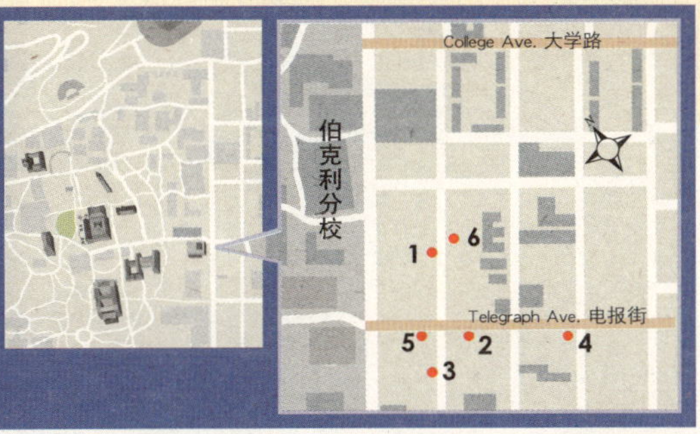

1 Asian Ghetto 亚洲贫民区美食广场

➡ Telegraph and Durant Ave. Berkeley, CA 94720

位于Durant与Telegraph两街交叉处有一个别名“亚洲贫民区（Asian Ghetto）”的小小美食广场，里面卖的食物不仅平价，选择也多，是不少学生解决午晚餐的好去处。

2 Naan n'Curry 巴基斯坦咖喱餐厅

➡ 2366 Telegraph Ave. Berkeley, CA94704

充满香气的各式咖喱是其大卖点，而他们现烤的薄饼更是必点。值得一提的是店里有无限提供的羊奶茶，香浓的奶茶绝对会让你一杯接一杯地享用。这家餐厅的价格真可算是经济实惠，特别建议一群朋友一起分食，可以一次尝到不同口味的咖喱。

3 Yogurt Park 优格冰激凌专卖店

➡ 2433A Durant Ave. Berkeley, CA94704

位于Durant Ave.上，专卖无脂肪的优格冰激凌，是伯克利最受欢迎的冰品店。可以选择在冰激凌上加上巧克力豆、碎花生、软糖等配料，每周还推出特别口味的冰激凌。夏天的时候真的是人手一支。

4 Café Intermezzo 三明治专卖店

➡ 2442 Telegraph Ave. Berkeley, CA94704

这里有号称伯克利最好吃的生菜沙拉与三明治。生菜沙拉的酱汁非常特别，分量超大，别的地方可是吃不到的。午餐时间通常都是大排长龙，不想等的话可能要选择其他时间前往。

5 Blondie's Pizza 比萨店

➡ 2340 Telegraph Ave. Berkeley, CA94704

为伯克利人所喜爱的比萨店。他们的比萨选料实在，价钱也便宜。店里常常都会推出新口味的比萨，是学生快速填饱肚子的好选择。

6 Top Dog Hotdog 热狗专卖店

➡ 2534 Durant Ave. Berkeley, CA94704

来伯克利一定要吃的美食之一，专卖各种口味的热狗，虽然分量不大，但实在的材料与特制的配方是其一大特色。在伯克利附近有三家分店，最多人光顾的一家位于Durant Ave.。营业时间到凌晨两点，是消夜的最佳选择。

12月份的集市。

平价的美食广场。

旧金山大学

University of San Francisco，简称USF

作者：古云妃 Faye

院系：2008年取得MBA学位

两年前，旧金山只是地图上的一块颜色；两年后，它成了我的一部分。

感谢出版社给我这个机会，一点一滴地写下USF的每个角落，

即使有一天要跟这里说再见，我也终究得以

leave my heart in San Francisco。

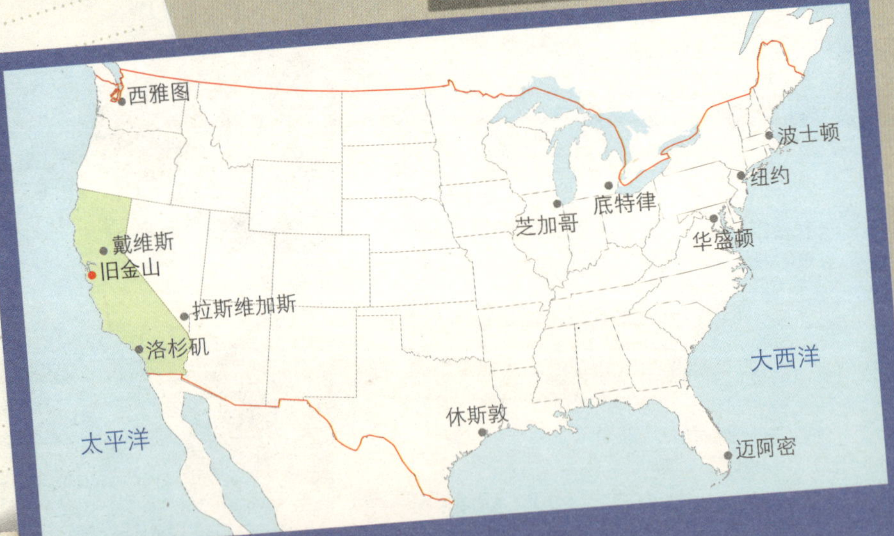

University of San Francisco,
State of California, United States of America (USA)

U.S.F.

San Francisco State University, located in

城　市：旧金山（San Francisco）
州：加利福尼亚州（California）
代表色：绿色、黄色
学校官方网站：http://www.usfca.edu
旧金山大学中国学生学者联谊会网站：www.usfca.edu/club/s/csa

prehensive university in the U.S., and ranks

旧金山 & 旧金山大学

旧金山大学成立于1855年，简称USF（后面统一用USF代称），是旧金山创立的第一所大学。1854年时意大利裔的创校者安东尼·马拉斯奇（Anthony Maraschi）来到旧金山，借了一笔钱，在现在旧金山市中心市场街（Market St.）上的4街与5街间建了一座教堂及学校，还当下宣布这里将会是一座伟大城市的中心，并于次年开始招收学生。如今，当时只有3名学生的学校，已成长为现在占地55公顷、拥有8 500名学生及600名教职员的规模。

由于旧金山市的特殊丘陵地形，位于全市7座山峰山顶上的校区成了绝佳的观景位置。旧金山位于海湾，受到气候自然调节的影响，四季如春，站在学校高处放眼望去，整个旧金山尽收眼底，心情也会跟着开朗起来。

USF的商学院是整个校区最新建筑，近年来才刚重新装修过。商学院的中央广场有一幅世界地图，提醒学生要具备全球化的眼界，也代表了学校的多元化发展方向。新生入学的时候总会让不同国籍的学生站在自己的国家处拍照。

平时校园生活的一角。虽然是教会学校，受到城市文化及学校重视多元化的因素影响，校园随处可见生机勃勃的景象。

学校简介

基于教会学校的创校精神，USF在教学上很强调品格与学业并进，希望学生除了在学校里增广知识之外，更能将自己的所学及成就回馈给整个社会。

USF是全美28家天主教耶稣教会学校之一，2005年时曾举办过大规模的庆祝建校150周年纪念。校园里处处可见绿地，天气好的时候，随时会看到学生们在草地上、树荫下，或躺或坐或卧，一个人在上网、看书，或是三五好友聚会嬉闹，表现出旧金山人随性自在的个性。USF同时也是全美最注重学生及教学多样性的学校，加上旧金山人口构成的因素，学校的学生来自超过100个国家，校园里随时都可以看到不同国籍的学生，彼此间看不到不同背景的隔阂，反而因为不同背景而撞击出不同的创造力及世界观，这是在很多其他学校所看不到的。

旧金山大学的法学院在US *News*排名为第一级，拥有自己的图书馆及行政系统，在法学界享有相当不错的评价。

学校声望&杰出校友

英特尔（Intel）的CEO：保罗·特里尼（Paul Otelini）

Getty Oil总裁：戈登·盖提（Gordon Getty）

PWC-资诚联合会计师事务所主席：多米尼克·塔伦蒂塔（Dominic Tarantino）

太盟投资集团（PAG）董事长兼CEO：单伟建

华登国际创始人：陈立武

因为硅谷就在旧金山南边不远处，USF的电脑科学（Computer Science）享地利之便，拥有很多的工作及实习机会，学生素质在标准水平之上。而运动管理学及全美首创的金融分析（Financial Analysis）同样是USF著名的科系。

《普林斯顿评论指南》（*Princeton Review and Entrepreneur Magazine*）将USF列为全美最适合企业家进修的研究所之一，企业管理所（MBA）的学生拥有全美第6高的就业机会，并且为全球排名第143名的MBA Program，而企业管理（EntrepreneurshipProgram）则在全美1 000家大学中跻身前百大。简而言之，旧金山大学的商学院在北加州位居“前三甲”（另外两个是伯克利及斯坦福大学）。值得一提的是，USF强调多元化的教学及丰富的学生背景，在商界建起广泛人脉，占有很大的优势；加上旧金山是美国西岸的第一大城市，工作及实习机会很充足，因此许多想在湾区（Bay Area）进修的美国学生都会将USF列为第一选择。

如何到达旧金山大学

旧金山的大众交通工具系统统称“Muni”，包含公车、捷运（Bart）、叮当车（Cable Car）等大众交通工具。

如何到达旧金山大学

方法1 搭机场捷运转公车

可搭机场捷运进入市区再转搭市区公车抵达，在市中心Powell St.站下车（约30分钟车程），再转搭31号或5号公车即可到达旧金山大学。

方法2 开　车

出机场后接101N（往北）公路，再接Octavia Blvd.，至Fell St.左转后至Central Ave.右转，然后到Fulton左转即可。

方法3 接驳小巴士（Van）

需与他人共乘，出机场后按指标即可找到，将目的地告诉司机即可。

校外周边交通

旧金山大学校区横跨Anza St.到Fulton St.，周边最方便的3条公车路线为：

- 38路公车：于Geary Blvd.搭车，位于学校北边。
- 31路公车：于Turk St.搭车，位于Main Campus及Lone Mountain Campus两校区中间。
- 5路公车：于Fulton St.搭车，位于学校南边。

更多关于San Francisco的交通资讯，可上Muni官网查询（www.sfmuni.com）。

beautiful view

旧金山大学校园美景

旧金山大学校园美景

1. 圣依纳爵教堂
St. Ignatius Church
2. 孤山校区
Lone Mountain
3. Richard A. Gleeson图书馆
4. 健身中心
Koret Health and Recreation Center
5. 图书馆前广场
6. 学生活动中心
University Center
7. 学生餐厅
Market Cafe

校园景点与生活指南

受到旧金山整体文化以及学校传统的熏陶，旧金山大学，不但有特殊的校园景点值得一游，大家更应该一同来感受这座小而美的校园，以及学生生活的“动”与“静”。

Top1 圣依纳爵教堂 MAP:B3 St. Ignatius Church

说到旧金山大学的景点，圣依纳爵教堂绝对是人人心目中第一个浮现出来的代表性建筑；由于占地广大且建筑风格古典优美，它已经成为旧金山市中著名地标之一。在这个城市的许多地方都可以看到这个教堂，不同的角度呈现出不同的美感，白天时衬着或晴或雾的天空作为背景，晚上时教堂四面打上温暖的橘光，让人心中自然将烦恼沉淀下来，感受平静。

圣依纳爵教堂内部。

此外，承袭着天主教教会学校的

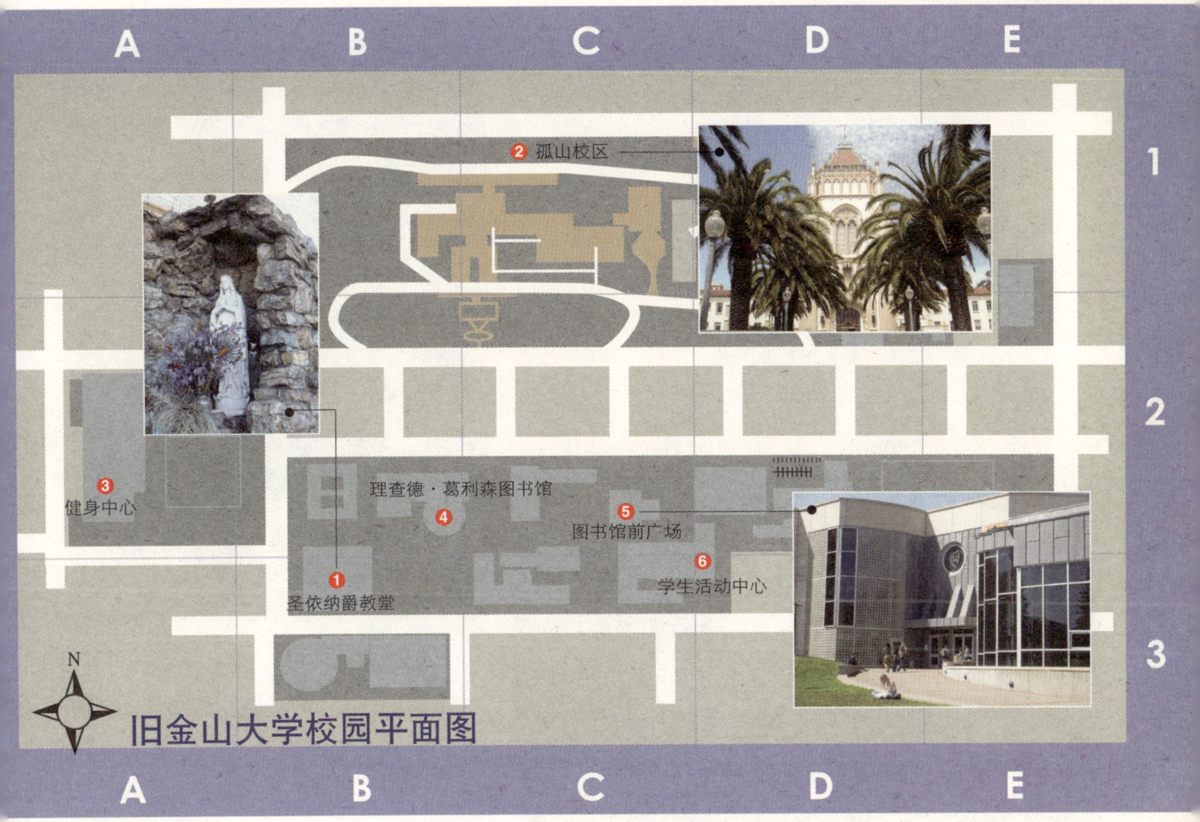

传统，圣依纳爵教堂更是旧金山大学的精神代表。来到教堂内部，斜阳透过彩绘玻璃射入对称、华丽而不失低调高雅的摆饰，传达出一种庄严肃穆的氛围。每年5月中旬的毕业典礼总会在教堂内举行，让学生领受踏出校门前最后一次的学校传统洗礼。

Info

此教堂可开放给一般游客免费参观，不过要提醒你，进入教堂时请尽量压低音量，拍照时请勿使用闪光灯。

beautiful view

Top 2

孤山校区 MAP:C1

Lone Mountain Campus

虽说USF多数的活动都是在主要校区（Main Campus）进行，然而孤山校区特殊的地形及建筑规划，使其成为旧金山大学极具代表性的视觉象征。

如其名般，这个校区简而言之就是一座小山，建筑也依着这特殊的地形一层一层地向上延伸，虽说斜坡构造不免让部分赶课的学生嘀咕几句，但是这样的美景却是本校不可多得的另一种心灵资源。

旧金山

相较于主校区，孤山校区的建筑更有古典气息，从山脚下往上看，不由得感受到教会学校特有的气质，沿着阶梯往上走，回头望望或是找张长椅坐着往山下看，相信都会同意这是旧金山大学最美好的景色之一，除了能够看到在主校区与此校区相呼应的圣依纳爵教堂，大半部的旧金山美景也能尽收眼底，衬着不同的天色，反映出不同的心情。

Top 3

健身中心 MAP:A2

Koret Health and Recreation Center

旧金山大学非常强调全面教育，因此学生除了努力钻研学业之外，当然也需要一些动态的活动来活络身体、心灵。

旧金山大学的健身中心Koret Health And Recreation Center拥有全湾区最好的奥运规格游泳池，健身房设备相当完善，在运动课程安排上，除了每周定期的课程外，不同的季节也会举办各种户外活动，如冬季滑雪等，这些都是身为本校一员的福利。另外，USF的篮球队及美式足球队也是全美知名的，加上独特的运动管理学系（Sport Management），可见本校的硬件及软件体育设备都相当完善。

Top 4 理查德·葛利森图书馆 MAP:B2
Richard A. Gleeson Library

旧金山大学里总共有两个图书馆，一个是在主校区里的理查德·葛利森图书馆，另一个则是法学院专属的Dorraine Zief图书馆（不对法律学院以外的院系开放）。图书馆建于1950年，随着学校规模的扩大及馆藏的渐增，不停地翻修扩建，而成了现在的建筑。由于学校课程不特别专注于学术研究的关系，旧金山大学的图书馆并不是很大，即使如此，图书馆内外现代风格的设计，以及内部的学生美术作品展场，反映出的皆是旧金山大学安静但不过度压抑的校园生活一角。另外，莫尼罕中庭与柴哲艺廊非常特别，很值得驻足观看。

Info

理查德·葛利森图书馆并不对外开放，需持有本校学生证或校友证，或是符合其他相关条件。详情请见 http www.usfca.edu/library/alumni.html#visitaccess

莫尼罕中庭阅览室The Monihan Atrium

这是图书馆里最大的一家阅览室，24小时全天开放，有时也会提供给中型活动作为举办场地。虽然说是阅览室，其实它是一栋半独立的建筑，与图书馆本身相连，它位于主校区的中心点，半弧形建筑的弧边全部由玻璃与外界相隔，丰富的采光加上室内挑高的设计，让人一进到此空间，心情就能够马上安静且专注下来。

从玻璃看出去，不远的远方是学校壮丽的教堂；靠近一点则是图书馆前的草坪，这里总是会有嘻闹的人群经过或是驻足在草地上悠然地享受阳光；再靠近则是连接在着阅览室前的水池，太阳大一点时，水池的波光会反射到阅览室的天花板。喜欢这家阅览室的原因是，它微妙的设计包含了多元的世界：低头苦读是一个世界，抬头环看四周是另一个；玻璃内是一个世界，玻璃外又是另一个。随时都能专注，又随时都能得以放松。极端，却是调和。

柴哲艺廊Thacher Gallery

此展场位于图书馆1楼后方，每年会有六个展览，展览艺术家以湾区（Bay Area）固有或是新兴的艺术家为主，让学生及教职员随时能够感受到旧金山特有的艺术气息。

Top 5

图书馆前广场 MAP:C2

在Richard A.Gleeson图书馆前有一片草地，许多学生都会在这里三三两两地聚集。由于气候宜人，生活在旧金山很难抗拒得了户外的吸引力，于是这片草地平时总会有学生在这里读书或是聊天，当然更会有人在图书馆里看书累了，出来透一口气，假日更会有一家大小来这边简单地野餐或是享受午后的时光。

而这片广场最美好的时刻，不外乎太阳露脸的日子。这个城市常常起雾，因此太阳一露脸，整个城市都会陷入一种快乐的氛围，在草地上晒太阳，俨然成为此时的正经事。也因为如此，当阳光普照旧金山大学校区的时候，这片草地总是挤满了人，有人开心地喧闹、踢球、玩飞盘；也有人听着音乐，在太阳底下或坐或卧地读书；更有大学部的女学生展现出西岸人洒脱的个性，穿着比基尼、戴着墨镜、三两成群地躺在草地上畅快地享受阳光。若有机会在晴天时来这个校园，不妨也在这个草地上稍做停留，一同体验这个校园自在的生活。

Top 6 学生活动中心 University Center MAP:D3

学生活动中心虽然外观并不特别起眼，却是USF学生获取大量信息的地方，国际学生咨询办公室（International Student and Scholar Services）也在此大楼之中。而在这栋大楼前的广场（Harney Plaza），大约处于主校区的中心位置，许多活动都会在此举办。如前所述，旧金山大学是一个非常注重学生发展及教学多样性的学校，学生来自世界各地，因此常常有介绍不同国家文化的小型园游会在这个广场举办。

由Harney Plaza往Richard A. Gleeson图书馆前广场延伸的，是另一个小丘，由一片草地及树木组成。午休时间，许多学生会在树下草地上小憩、用餐；另外，由于全校都有无线网络服务，因此，“在树荫下上网”的享受能够轻松实现。

Top 7 学生餐厅 MAP:B4 Market Cafe

Market Cafe位于主校区的University Center里，由Bon Appetit餐厅经营。值得一提的是，Bon Appetit是一个因注重食品营养及环保而著名的企业，因此，餐厅的供餐营养价值都有一定的水准；餐具的准备更是十分用心，免洗餐具原料都是由可分解的原料制成，比如玉米、甘蔗及马铃薯淀粉等。若是有机会来此，可以注意一下这些环保的贴心小细节。

Info

USF纪念品哪里买？来去Bookstore!

若要买USF相关纪念品，Bookstore是唯一去处。它位于主校区，商品包括教科书、纪念品、电脑相关用品等。

旧金山大学周边吃喝玩乐

美食餐厅

旧金山是美国数一数二的国际都市，人口来自世界各地，为了满足不同人种对不同口味的需求，这儿自然充满了各国料理。旧金山大学与市中心的美食若真要一一列出，恐怕又会是一本美食地图了，以下挑选出一些评价高且交通方便的餐厅，参观大学之后可品尝各国料理。

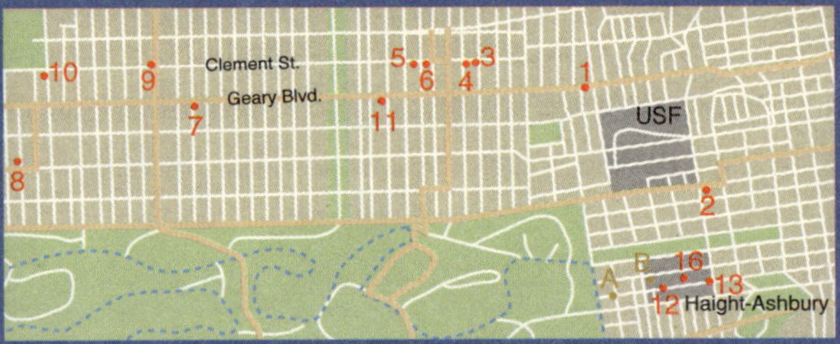

1 Mel's Drive-In美式料理

➡ 3355 Geary Blvd., San Francisco
$ 15～20

地道的美式餐厅，位于旧金山大学步行可到的地方，汉堡、薯条、美式汤点及甜点都很不错，价位也十分低廉，而且营业到凌晨。桌上还有可爱的小型点唱机。

2 Papalote墨西哥料理

➡ 1777 Fulton St., San Francisco
$ 5～15

位于USF后面走路不到5分钟之处，是各美食杂志、网站评价极高的餐厅，评价包括"最好吃的Salsa酱"、"最好吃的墨西哥卷饼（Burrito）"，等等。价位便宜到让人眼睛一亮的程度，算是USF学生的一大福音。

3 Burma Super Star缅甸料理

➡ 309 Clement St., San Francisco （4th Ave. 跟5th Ave. 之间）
$ 20～25

走在Clement Street一定可以注意到有一家店前面挤满了排队用餐的人群，那就是Burma Super Star。除了东方人会来光顾外，本店还是老外们的最爱，推荐的料理包括咖喱牛肉（口味很像巴东牛肉）、生菜杯（Lettuce Cups）、椰汁饭等。

4 Troya地中海料理

➡ 349 Clement St., San Francisco（4th Ave.与5th Ave. 之间）
$ 25～35

菜单有土耳其料理、希腊料理及中东料理。饭菜可口，装潢风格及服务都很好，虽然价位偏高，但这类料理比较少见，很值得尝试。

5 辣妹子中餐

➡ 6th Ave. 与Clement路口, San Francisco
8th Ave. 与Clement街口, San Francisco
$ 15～20

从USF步行可到的Clement Street可以说是旧金山的小华人街，街上有各式华人超市及餐馆。"辣妹子"是口碑最好的川菜，在Clement Street有两家分店。一如其名，辣妹子有各式辣味料理，比如五更肠旺、辣味蒜泥白肉，等等。这里的中餐味比较地道，有机会可以尝试一下。

6 King of Thai泰式料理

➡ 639 Clement St., San Francisco(7th Ave. 与8th Ave. 之间)
$ 10～15

泰国菜是旧金山很受欢迎的料理，King of Thai是USF学生常相约课后用餐的地方，不论何时去生意都不错，喜欢泰国菜的朋友也可以去试试。光是Clement街上就有两家分店，可见人气指数极高。

7 Ton Kiang东江港式饮茶

➡ 5821 Geary Blvd., San Francisco (22nd Ave. 与23rd Ave. 之间)
$ 25～30

旧金山的广东及香港人人数众多，因此地道的港式点心茶饮可以说是随处可见。其中深受中西方顾客欢迎，离旧金山大学又近便的，就非东江莫属了。搭38号公车即可到达。

8 Shanghai Dumpling King 上海小笼包

➡ 3319 Balboa St., San Francisco（位于34th Ave. 与 35th Ave. 间）
$ 15～20

离USF搭公车需花费约20分钟，31号公车可达。上海小笼包、各式饺类、年糕及炒面都值得一试。

9 旧情绵绵台湾料理

➡ 2428 Clement St., San Francisco（25th Ave.与26th Ave.之间）
$ 20～30

嘴馋的时候，旧情绵绵是首选。老板娘是台湾人，对于台湾口味丝毫不含糊，从饭团、牛肉馅饼等小点，到三杯鸡、凤梨虾球、排骨饭，都是地道的台湾味。另外本店装潢风格还不错，与一般的中国餐馆不同。

10 El Mansour摩洛哥料理

3119 Clement St.,San Francisco（32nd Ave. 与33rd Ave. 之间）

$ 40～45

位于Clement街靠海的区域。搭公车38号到32nd Ave. 之后步行到Clement。在El Mansour最让人陶醉的，除了美味的菜品、舒适的沙发、华丽的装潢、热情的服务之外，还会有段肚皮舞娘与来宾共舞的时间，很适合特殊的节日一群好友一同玩乐。主菜包括鸡肉与羊肉，味道很吸引人，最推荐的是“with Honey & Almonds”，这道菜味道偏甜，所以你可以依照自己的喜好选择其他口味。

11 My Tofu House豆腐屋韩式料理

4627 Geary Blvd., San Francisco(10th Ave. 与11th Ave. 之间)

$ 15～20

有非常好吃的韩式烤肉、豆腐锅及拌饭，分量很大，而且也保有韩式料理的“传统”——上主菜前会先提供8道小菜！因为十分好吃，价位又可以接受，品尝美味之前就算排队等候也是值得的。从USF搭38号公车可达。

12 ASQEW烤串店

1607 Haight St., San Francisco

$ 15～20

各式烤串都深得人心，Thai BBQ（牛肉）及Thai Chicken BBQ（鸡肉），应该算是符合中国人口味的两种。另外，他们会问你“sides”，意思是主菜旁要配上什么，强烈推荐洋芋泥（Mashed Potato），绝对是充满幸福感的口味。其他料理比如烤面包条（Grilled Bread Sticks），也都可以点来品尝。

13 People's Café

1419 Haight St., San Francisco

$ 15～20

People's Café的松饼（Pancake）、蛋卷（Omelet）及炒蛋（Scramble Egg）都极为可口，咖啡也很好喝，靠在窗边一边享用Brunch，一边与朋友聊天、看报纸杂志，抑或是看着街上的嬉皮及庞克，都是享受旧金山气氛的完美方式。

Haight Ashbury嬉皮区

步行或搭乘公车到Masonic Ave.**再转搭43路公车**

跨过了嬉皮年代，30年后的今天，当年的嬉皮精神依然在嬉皮区若隐若现。二手、庞克、复古、街头、嬉皮，种种次文化都可以在这里领略。相较于其他地区，这里也有浓浓的欧洲感，服饰、书店、唱片行、餐厅、咖啡厅等特色小店林立，是离USF最近的逛街区。

A Amoeba Music 唱片行

1855 Haight St., San Francisco

http www.amoeba.com/store-locations/index.html

此唱片行占地很大，拥有许多才发行就拿来转卖的二手唱片，特别注重摇滚、嘻哈、电音及爵士乐，其中包含许多在中国未发行或是已绝版的CD、DVD，甚至唱盘，喜欢音乐的朋友一定要到这家唱片行一游！二手商品保存都很不错，价格更是可亲，非常值得花一两个小时的时间在这里淘宝。另外，除了埋头于这个音乐天堂之外，不妨也注意一下来此家唱片行的顾客，大家在打扮上都有自己的一套风格。

B Waste Land二手服饰专卖店

1660 Haight St., San Francisco

嬉皮区绝对是二手迷的必逛之地，街上有许多家大大小小的二手店。而这家衣服的品质处在标准水平之上，衣服处理得很干净，量也很足，是淘宝的好去处。

旧金山

旧金山州立大学

San Francisco State University，简称SF State

SF State设计学士

作者：张筱渝 Lisa

珍惜身边所发生的一点一滴小幸福。

TESOL（英语教学）硕士

作者：Stephanie Chen

漫步旧金山街头，

常有置身于米兰·昆德拉小说中的错觉。

TESOL（英语教学）硕士

作者：Janice Huang

参与本书的校园介绍，

让我对自己的学校有更深入的认识。

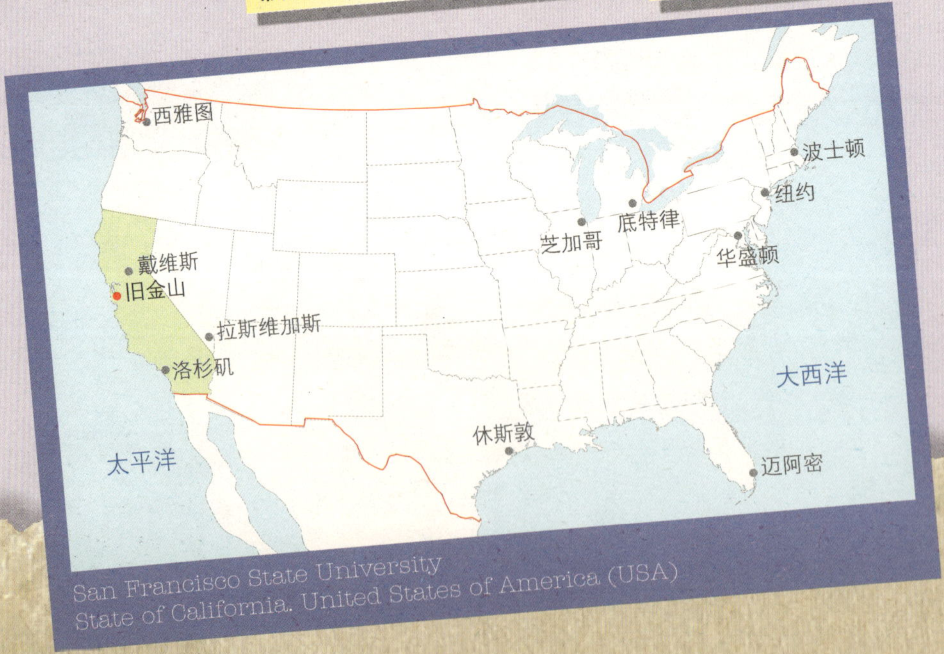

S.F. State

an Francisco State University, located in one of the

城　市：旧金山（San Francisco）
州：加利福尼亚州（California）
吉祥物：鳄鱼
代表色：紫色
学校官方网站：http://www.sfsu.edu
旧金山州立大学中国学生学者联谊会网站：
www.cssa.stsu.edu

for an academic year. With a diverse range of students

San Francisco & SF State

旧金山 & 旧金山州立大学

旧金山州立大学（San Francisco State University）位于风景怡人的旧金山市郊，去往世界闻名的旧金山大桥，只需搭乘28路公车便可直达；而全世界知名的城市绿地“旧金山公园”（Golden Gate Park），也只需从校门口搭乘28号公车便可直达；若要到旧金山市区热闹的Irving St.与Clement St.进行日常生活的采购，一样也是搭乘28号公车。如此便捷的城市交通网，让旧金山州立大学虽然位于市郊，但一样拥有便利的生活方式。而举世闻名的渔人码头(Fisherman's Wharf)和巧克力工厂（Ghirardelli）以及从渔人码头可以搭船到达的恶魔岛（Alcatraz），更是来到旧金山的必游之地。在这里求学最大的福利就是，读书累了的时候可以马上到外面的公园享受免费的森林浴！甚至，距离不远且交通便利的旧金山市区，简直像旧金山州大的后花园以及货源充足的生活仓库呢！

旧金山

在旧金山市区随处可见飘扬的旧金山州立大学的旗子。

学校简介

旧金山州立大学（SF State）是隶属于加利福尼亚州州立大学系统（Califor-nia State University）的第23所学校，是一所以强调服务及实务训练而闻名的学校。成立于1899年，迄今已有百余年历史，见证了旧金山百年来的成长，包括1906年的旧金山大地震及随之而来的城市大火，甚至1968年开始的为期近一年的学生抗争，旧金山州大与此同时的成长蜕变，一次又一次显现出旧金山人不畏困难、坚持不懈及崇尚自由的精神。

旧金山州立大学有两个校区：主要校区位于旧金山市的西南方，离太平洋只有1.5公里，占地约40公顷，在校园和太平洋间，还有一座湖Lake Merced，广大的湖区在清晨和傍晚时分，常可看到学生或附近居民沿着湖慢跑到海边；另一个校区则坐落于旧金山市中心最热闹的Market St.上，与著名的百货公司相邻，课程是以商学院的研究所部门为主。

旧金山州大的另一特色，就是校园内可见到来自世界各国的人，如果说出国读书是要增加国际观、开阔视野，那么校园便是拓展国际视野的第一步，旧金山各种异国餐厅、书店、博物馆林立，是来旧金山州大念书万万不可错过的一环。根据国际学生办公室统计，学校内的中国留学生人数占总国际留学人数生中的第二名，仅次于第一名的日本留学生人数。

学校声望&杰出校友

前旧金山市市长：	威利·布朗Willie Brown
科学家：	Yvonne Cagle
文学创作者：	Po Broson 与 Ernest J. Gaines
诗人：	Michael McClure
演员：	David Carradine
导演：	Curtis Choy
航空界：	Stephen M. Wol

旧金山州立大学目前共有8个学院，提供112门学士课程、96门硕士课程，并有3个与伯克利大学合作的教育博士课程。旧金山州大的校训为“受教于经验”（Experientia Docet），这是一所强调理论与实务并重的大学，并提供学生多元化的实务训练机会，让学生能学以致用。

学校官方网站上列了一份很完整的杰出校友名单，因为旧金山州立大学的杰出校友遍及各个领域，其中不乏名人，对社会均有一番贡献。

如何到达旧金山州立大学

虽然旧金山州立大学位于旧金山市郊，但是交通网相当密集，四通八达。不但有Muni，还有Bart，自行开车前往也相当方便。

如何到达旧金山州立大学

方法1 从机场出发

利用捷运（Bart）与公车。由旧金山国际机场（San Francisco Int'l Airport）搭Bart到Daly City Bart Station后，转搭学校校车到学校，或转搭28号公车在San Francisco State University站下车。

方法2 由旧金山市中心出发

离学校最近的一个Bart站是Daly City Bart station，学校有免费的校车在此接送同学往返。

旧金山交通系统有哪些

Muni

旧金山的大众交通系统称“Muni”，一张Muni月票就可以无限次搭乘市内的公车和电车，绝对是遍游旧金山的最佳选择。校内学生活动中心一楼的Information Desk就出售Muni票、Bart票，并提供其他相关咨询服务。

旧金山的大众交通运输系统相当便利，除了地铁，还有密集的公车网可搭乘。车票一次付$1.50，司机会给“转乘券”，上面会有限用的时间，只要在规定时间内转乘公车或电车都不用再付钱，学生也能够在很多商店或是学校的咨询柜台购买学生月票，售价$45。

http www.sfmuni.com/cms/mms/home/home50.htm

Bart

速度较Muni快，路线范围比Muni远，系统网络也不只是在旧金山内，而且有到旧金山机场的服务，如果搭先Bart还要搭乘Muni的话，则可以在离开BART站时，领取转乘Muni的折价券（Discount Ticket），不过Bart的票价比Muni还要高。

http www.bart.gov/index.asp

自行驾车

根据法律规定，居住在美国的留学生算短期居民，中国公民持有中国驾照的，可以在出国前到公证机关开具公证文件，可在美国使用半年。考驾照，需要准备笔试和路考，笔试可以选择以中文出题，也有以注试题可以参考；路考主要是要求开车安全性，动作要大，考试诀窍是“不能仅看后视镜驾车，必须要转头去看，以表示你很细心谨慎”。

beautiful view

旧金山州立大学校园美景

旧金山州立大学校园美景

Top 1

柏克厅Burk Hall MAP:C3

柏克厅可以说是校园里元老级的一栋建筑物，同时它也见证了旧金山州立大学的发展与变身——1899年时旧金山州大的前身是所两年制的旧金山州立师范学院（San Francisco State Normal School），也是全美第一所需要高中文凭才能申请的师范学院。目前柏克厅里有四个院系，而值得一提的是，在柏克厅的4楼有一家由旅馆餐饮系的学生们经营的高级餐厅“VistaRoom”。大家可以在此享受美景与晚餐，每周都会有不同的菜单，用餐需事先订位。

Info
Vista Room专属网站
cob.sfsu.edu/hm/vista_room.cfm

Top 2

商学院大楼 MAP:D3 Business Building

旧金山州立大学的商学院是全美国最大的20所商学院之一，也是旧金山州大最大的学院，因此拥有最多的学生。在主要校区的这栋商学院早已不敷使用，再加上旧金山州大一贯的教育原则是希望学生能多接触业界，因此，商学院在最繁忙的市中心开辟了第二个家。

创作艺术馆Creative Arts MAP:C3

创作艺术馆里有北加州最大的电视及广播工作室，这里有许多舞蹈教室和练琴房供学生使用，每每经过创作艺术馆时总能听到阵阵琴声或是演奏声。此外，表演空间包括可容纳700人的McKenna Theatre和Knuth Hall，全年几乎都有舞蹈表演、演奏会、音乐会、会议、服装秀以及其他形式的表演活动在此举行。

Top 3

这里设有心理系和种族研究学院。

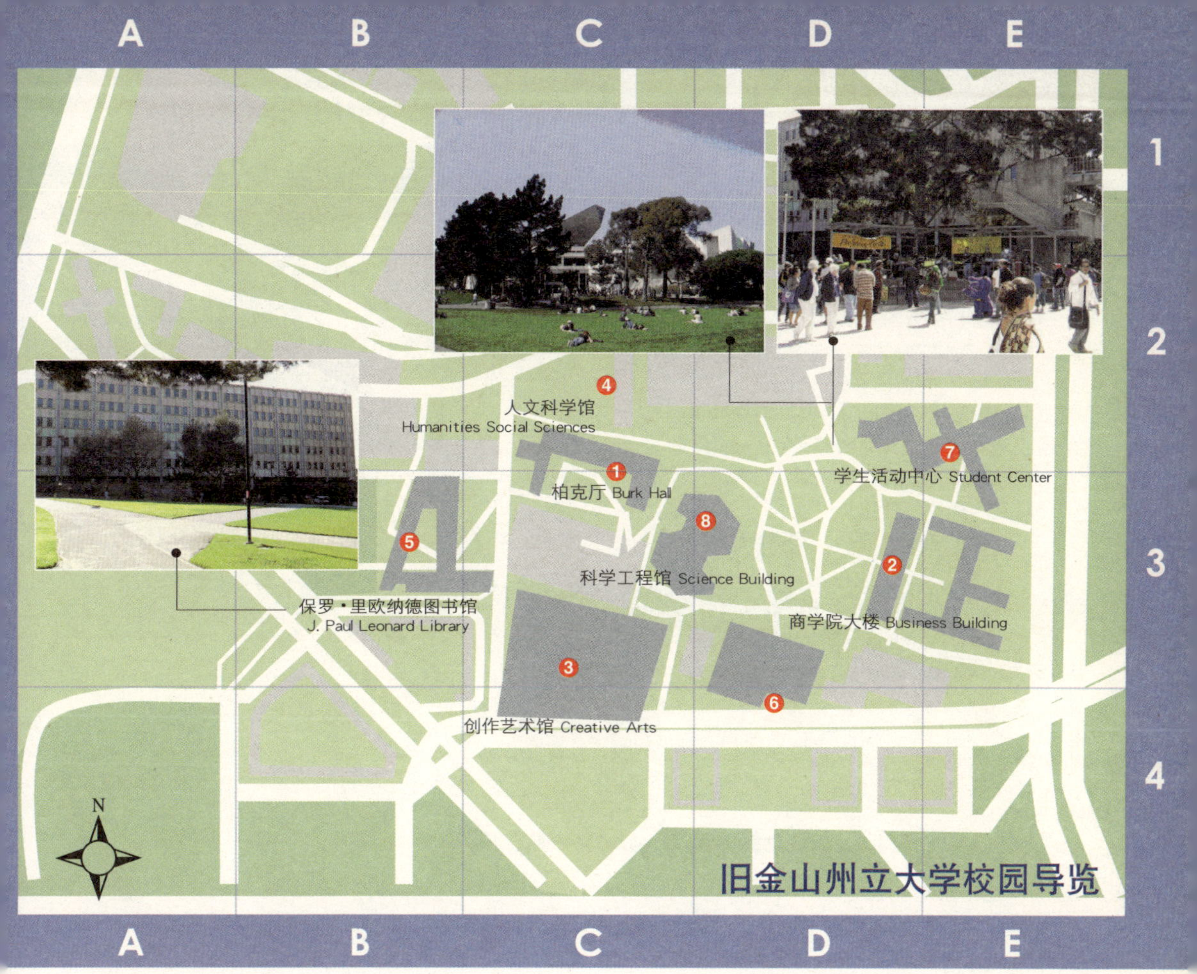

Top 4 人文科学馆Humanities & Social Sciences（HSS） MAP:C2

不论搭28号还是M号公车，在下车的瞬间，都会闻到阵阵咖啡香。映入眼帘的是仿佛由玻璃建成的三层楼的建筑物。

人文系馆是旧金山州大比较新的建筑物之一，也拥有最多教室。几乎所有人文学院的办公室以及教室都在这里，当然也包括旧金山州大赫赫有名的“英语教学师资研究”（TESOL Program）。值得一提的是，人文馆的顶楼有个小小的金字塔“Sutro Egyptian Museum”，里面收藏了许多埃及的艺术品。

Info

公车站牌旁有家小小的咖啡厅，许多人进学校的第一件事就是到这里买杯咖啡，迎接忙碌充实的一天。离开时也忘不了来这里买个甜点再走。

保罗·里欧纳德图书馆 MAP:B3
J. Paul Leonard Library

这座用旧金山州立大学第四任校长名字命名的图书馆，是旧金山这座熙攘的城市中闹中取静的一角。每年有超过200万的使用者进出并借阅图书馆馆藏，图书馆也提供加大系统和23所加州州大系统的联合借阅系统。找不到你要的书或期刊吗？没关系，跑趟图书馆，请专业又亲切的馆员通过联合借阅系统帮你找到你要的书。就算是下午去借书，晚上还会有小卡车在加州公路上跑来跑去，把书送到你学校。更棒的是，所有的服务都可以在网络上完成！

Top 5

Top 6

科学工程馆
Science Building MAP:D3

这是一座旧金山州大融入城市的代表建筑。虽然紧邻着热闹的19街，科学工程馆里的学生可是一点都不含糊地在学习呢！理工科系系馆多半在此，三楼设有人类学博物馆（Treganza Anthropology Museum），收藏着大量的考古及人种遗迹，并开放给民众参观。

Top 7

学生活动中心 Student Center MAP:E2

学生活动中心又名为“Cesar Chavez”，以一位加州农民革命先锋的名字Cesar Chavez命名，纪念他为加州农民革命运动所做的努力。Chavez 10岁时与家人举家移民至美国加州，年仅10岁的他，却已成为农民童工奴役的牺牲者，亲身经历过农工移民的心酸血泪，以及笃信教育与非暴力革命运动的力量，在1962年成立农民工会（National Farm Workers Association），并于1968年以绝食运动来宣誓其致力改善政府及农民雇主对移民农工不平等待遇的使命。

在Chavez及其工会人士的努力下，加州农民的工作及生活情况得到明显的改善；然而，在南加州靠近墨西哥边境的某些农村，移民农工遭奴役的情况仍然频见。故此，SF State用Chavez来命名学生活动中心，除了缅怀前人的贡献，也鼓励学生积极参与社会公益活动并为正义呐喊。

学生活动中心的二楼及三楼，分别是各不同国家的学生会办公室、美术展览厅、活动表演厅、休闲活动中心及学生活动办公室。多功能的学生活动中心，是学生的最佳去处。

Info

圆形广场

学生活动中心大门外，有个圆形广场，这个圆形广场是学校里各国同学会与学生组织摆摊的最佳场地，通常在学期开始的前几周以及学校安排的特定时段，各学生组织与同学会都可在此招募新会员或是举行提供食物同乐的活动。另外，圆形广场前方的环状舞台更是学生表演及校外乐团进入校园展演的最佳场地。在学校的细心规划下，每周都会有不同的主题表演，让学生在读书上课之余，借由音乐享受些许的放松。

旧金山州立大学周边吃喝玩乐

美食餐厅

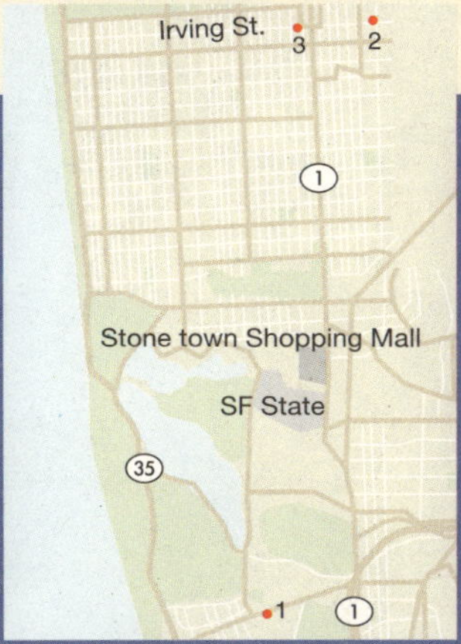

旧金山是融合不同文化的城市，自然拥有多国料理。早期有不少广东移民来此，所以旧金山说广东话的华人人数众多，餐馆也以广东菜居多，第二、三名分别是越南菜和泰国菜；同样是亚洲移民，日本、韩国移民也不少，日本餐厅和韩国烤肉店当然随处可见，只是消费水平稍高。喜欢台湾面包的朋友，还能就近在Irving St. 找到台湾面包店“生计”。

校园附近是住宅区，周边有个石城商场（Stones town Shopping Mall），但如果不想在商场里用餐，就得跑远点才有食物可以吃哟！

如需采购食物，可以坐电车M号到市中心附近的唐人街（China Town），或搭28号公车到Taravel St. 上的美国连锁超市Safeway。买蔬菜到中国超市比较便宜，买牛肉则是在美国超市比较新鲜。大华99超市(Ranch 99)也可买得到很多中国的东西，只是它在Daly City，需要开车才能到。

1 Tani's Kitchen 家庭式日本餐厅

32 Park Plaza Drive, Daly City, CA 94105
(650) 992-1701

在旧金山，只要提起这家在Westlake附近小小的日本餐厅，几乎没有一个人不知道。Tani's Kitchen的食物属于家庭式口味，价位非常便宜，往往一份餐点的分量可以让女孩子吃两餐，店面非常小，客席不到20个，店外面大排长龙已是每天必见的景观，当店里一忙起来，即使是提早半小时打电话订外卖也不一定能及时送到，因为老板就是唯一的厨师，这位老板非常风趣，常边做菜边唱歌，就像是日剧里的场景。旧金山州大的学生，尤其是亚裔学生，大学生活时间几乎都是在这里解决吃饭问题，因为餐厅离学校开车只要5分钟，坐公车也只要10分钟就可以到，等于是离学校最近的好吃餐厅。

2 山东小馆 San Tung Restaurant

1031 Irving St., San Francisco CA 94122(介于11th Ave. 与 12th Ave.中间）
(415) 242-0828

山东小馆位于内日落区（Sunset District），也是一家天天爆满的餐厅，用餐时间排队的桌数通常可达5～10桌。但即使餐厅内总是人山人海，出菜的速度却并不会受到影响，菜的品质也是维持一样的水准，这便是客人即使需要排上一个小时也心甘情愿的原因。

山东小馆有多种非常著名的菜品，最著名的莫过于干烹鸡，非常推荐手工制作的猪肉白菜水饺，味道很美！

3 PPQ富国牛肉粉Pho Phu Quoc Restaurant

1816 Irving St., San Francisco, CA 94122(介于19th Ave. 与 20th Ave.中间)
(415) 661-8869

PPQ富国牛肉粉不是一般的越南餐厅，因为他们的汤头比其他餐厅多出一股说不出的滋味，这也就是让PPQ富国牛肉粉之所以能打败日落区内其他的越南餐厅而闯杀出一条生路的主要原因。美味的汤头以及多种面条的选择紧紧抓住客人的“胃”，总让人吃了还想来。这里还提供许多不同的饮料供客人选择。PPQ富国牛肉粉的地理位置也占尽优势，地处旧金山重要干道19街与Irving街交叉口，好吃又方便。

帕拉阿图

斯坦福大学 Stanford University

作者：刘正音 Esme

院系：2007 管理工程硕士(MS&E, Management of Science and Engineering)

曾任斯坦福大学台湾同学会副会长。平日兴趣广泛，对各种信息都有所涉猎。

留学生活最大的收获除了顺利获得学位外，还学会在异乡煮出家乡风味，

从远离庖厨的君子变成阿基师的信徒。博客：http://esmelobster.pixnet.net/blog

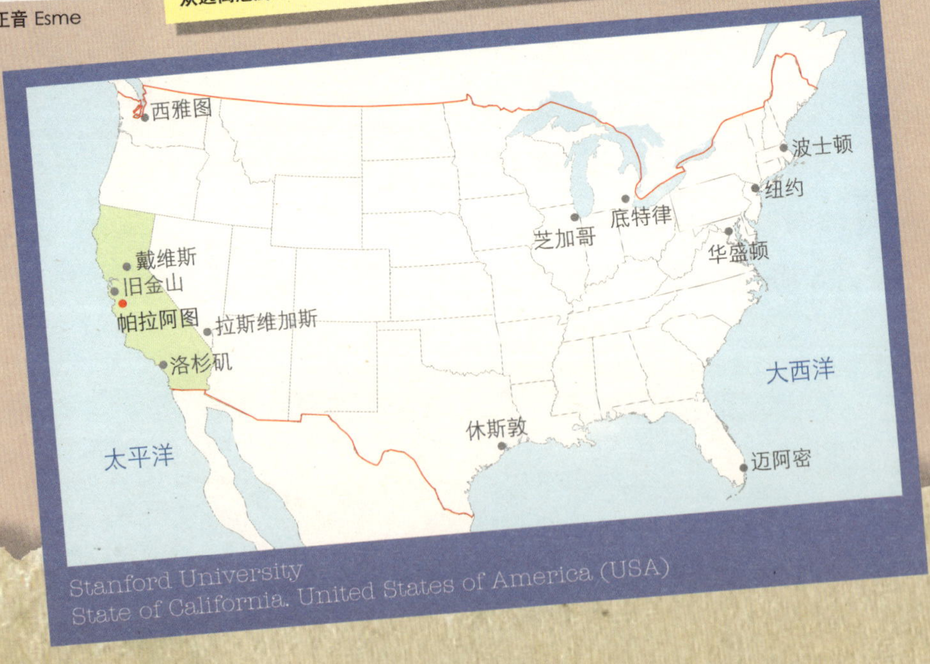

Stanford University
State of California. United States of America (USA)

Stanford

城　市：帕拉阿图市（Palo Alto）
州：加利福尼亚州（California）
代表色：Cardinal（主教深红色）
学校官方网站：www.stanford.edu
斯坦福大学中国学生学者联谊会网站：
www.stanford.edu/group/acsss

Palo Alto & Stanford University

帕拉阿图 & 斯坦福大学

斯坦福大学（Stanford University）位于硅谷小城帕拉阿图市（Palo Alto），与许多加州的地名一样，“Palo Alto”一词也是来自于西班牙文。相传当时第一批来到帕拉阿图的西班牙探险家一眼就看到一棵高耸入云的大树，因此忍不住大叫了一声“Palo Alto!”，就是西班牙文“好大的树”之意。于是这里就被称为帕拉阿图了。

帕拉阿图市大部分的土地都归斯坦福大学所有，四周的住宅因为大学环境优美，治安良好，因此房价居高不下，是加州的黄金地段，连苹果电脑的创办人兼皮克斯动画前执行长斯蒂夫·乔布斯（Steve Jobs）生前定居于此。

位于旧金山南边帕拉阿图市（Palo Alto）的斯坦福大学，符合“钱多、事少、离家近”的3个原则，不过先别高兴得太早：钱多是指学费所费不赀，生活水准也跟大城市相差无几；事少是指附近环境单纯，没有太多的娱乐活动，可以专注于学术研究；只有离家近倒是真的，相较于其他美国大学，斯坦福大学离中国并不算远（直飞北京时间约15小时）。

从地缘关系来说，位于华人大量集中的加利福尼亚州，华人、日本人或是韩国人经营的餐厅以及超市随处可见，因此比起美国其他大学城，斯坦福的生活相对来说是很容易适应的，不用担心水土不服或文化适应的问题。另一方面，斯坦福位于硅谷中心，工作机会很多，可以算是留学首选之一。

学校简介

美国西海岸大名鼎鼎的斯坦福大学（Stanford University），年年在美国大学与研究所排名中名列前茅，是全世界许多学生的梦想学府。下文将对斯坦福大学的校园生活与周边环境做介绍，有别于王文华所写的《银色子弹》，这次重点放在商法科以外的文理工学院，希望对有兴趣申请的同学与想来校园参观的朋友有所帮助。

“输人不输阵”的创校历史

斯坦福大学是由斯坦福家族创立的，想当年老斯坦福（Leland Stanford）因为捐款给东岸大学被拒，一怒之下自己盖了一所大学，也就是今天享誉国际的斯坦福大学。为了在西岸成立一所足以与常春藤盟校抗衡的学校，老斯坦福夫妇在建筑建材、师资选择方面都不惜血本，以最高标准来要求。原本建学校的另一个原因是为了让儿子小斯坦福（Leland Jr. Stanford）可以入学，没想到人算不如天算，创校过程中小斯坦福因伤寒过世，留下悲伤的斯坦福夫妇继续完成这未了的心愿。

斯坦福太太（Jane Stanford）是位异常能干且作风强悍的女性，因儿子过世伤心不已，便将全部的精力放在学校的创建工作上，大小事情都不假他人之手。据说当时连栽种树木，都有斯坦福太太在旁监督。但是祸不单行，1892年学校竣工，1893年老斯坦福就过世了，伤心欲绝的斯坦福太太因此在校园内盖了一座教堂，纪念父子二人，这也成了校园著名景点之一。至今斯坦福的学生及校友都以能在这座教堂举行婚礼为荣，由于人数众多，需要几个月前预约才行。

时光荏苒，斯坦福大学在家族经营之下，逐渐在西岸建立起名声。尽管1906的百年大地震摧毁了校园大部分建筑，但是斯坦福仍然从毁灭中站了起来，愈挫愈勇，终于成为世界第一流的大学，在许多领域独占鳌头。

斯坦福大学毕业典礼每年都会邀请一位知名人士来演讲。前几年最著名的就是苹果电脑的史蒂夫·乔布斯（Steve Jobs）

学校声望&杰出校友

前美国总统：赫伯特·胡佛（Herbert Hoover）	
谷歌（Google）创始人：拉里·佩奇（Larry Page）、谢尔盖·布林（Sergen Brin）	
雅虎（Yahoo）创始人：杨志远	台湾大学校长：李嗣涔
台湾“芯片大王”：张忠谋	台湾著名歌手：费翔

由于斯坦福夫妇当初建校时，怀着要与东岸常春藤盟校一较高下之意，因此在各方面无不痛下成本，只盼有朝一日斯坦福大学能与东岸的名校分庭抗礼。现在的斯坦福大学不负所望，在各领域都有杰出的表现，还出了好几位诺贝尔奖得主，成为全世界知名的一流学府。

在2009年的*US NEWS*中，斯坦福大学不仅在电机、信息工程领域蝉联榜首，在医学院、商学院甚至是教育领域也都名列“前三甲”，超越了东岸传统的常春藤名校。想来斯坦福夫妇在天之灵应该会相当欣慰。

理工科本为斯坦福重点发展的领域，加上地处硅谷中心，天时地利人和之下，可谓是电子信息科学重地。尤其是在电脑科学方面，培养出很多知名的校友：以太网络的发明人Dave Boggs、http网络通信协定发明人Vint Cerf，都是斯坦福校友；几家著名大企业如谷歌创始人拉里·佩奇与谢尔盖·布林、创雅虎始人杨志远，也是出自于本校。另外，台湾大学校长李嗣涔、台湾半导体之父张忠谋也是斯坦福电机学博士。

除此之外，斯坦福大学对体育、文艺方面也相当重视，拥有很多比赛级的运动设施。洛杉矶奥运期间，游泳等比赛的场地就由斯坦福大学提供，因而现在的学生可以使用这些奥运赛事级设施，算是相当有福气。每一届的美国奥运代表队里，都有不少选手来自斯坦福大学，著名的高尔夫球选手“老虎”伍兹也是斯坦福大学的毕业生。

政界风云人物也不少毕业于这里，除了胡佛总统外，参众议院、最高法院也都有本校校友。前几年来大出风头的国务卿赖斯，就曾担任本校第一位女教务长，并因此崭露头角。最后要提的是，中国台湾的偶像歌手费翔居然也是斯坦福校友，不知道大家是不是像我一样吓了一跳呢！

如何到达斯坦福大学

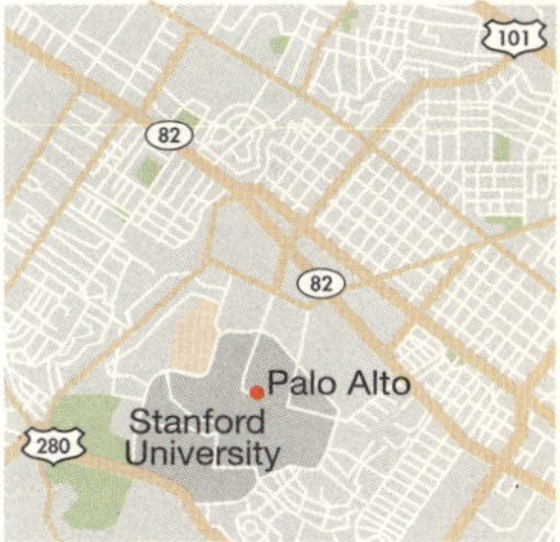

从旧金山国际机场出发

方法1 公车

可以在旧金山国际机场搭乘Cal Train到Palo Alto站，再转乘斯坦福大学免费校车到校内。

方法2 开车

到达旧金山国际机场后，可以开车沿101或是280号高速公路到达斯坦福大学，车程大约30分钟。

从旧金山到斯坦福

若是从旧金山城内出发，可以到第三街的Cal Train Station 搭乘火车到Palo Alto站，再转乘斯坦福大学免费校车。或者在市中心搭乘捷运Bart到机场转搭Cal Train，到Palo Alto再转乘校车。

从校园大门一进来就是这条棕榈大道，展现了十足的加州风情。

beautiful view

斯坦福大学校园美景

1. 四方院
   Main Quad
2. 胡佛塔
   Hoover Tower
3. 斯坦福美术馆
   Cantor Arts Center
4. 斯坦福教堂
   Stanford Memorial Church
5. 盖茨与帕卡德电机工程大楼
   Gates & Packard Electrical Engineering Building
6. 白色广场
   White Plaza

斯坦福校内的建筑主体采用西班牙式风格，呼应加州原本具有的西班牙风格。校园整齐、宽阔且建筑自成一格，是斯坦福引以为傲的地方。事实上很多游客都对校区优美的环境留下深刻印象，也因此成为北加州热门的旅游景点之一。

Info

良辰美景奈何天

斯坦福校园范围十分辽阔，共有35平方公里，这点让许多新来的学生都叫苦连天。我曾经尝试步行校园，花了1个半小时才走了一半，校区之大可见一斑。

斯坦福大学校园美景

Top 1 四方院Main Quad MAP:C3

学校的建筑主体是以“Main Quad”为中心。何谓“Main Quad”呢？其实它就像传统的四合院，对称的厢房之间有中央空地。身为私立学校的斯坦福，有很多楼房建筑都是校友或是企业捐赠的。不过Main Quad是建校初期（1887～1891）就有的建筑，墙上还刻有纪念斯坦福夫妇的文字。这一系列的建筑是由名建筑师Frederick Law Olmsted设计的，他的另一个知名作品就是纽约中央公园。

希腊哲人沉思在四方院，是世界级雕塑家罗丹的作品。

从学校正门的棕榈大道进来，便可看到四方院建筑群的红瓦在加州蓝天白云下形成的鲜明的色彩对比。身处地震带的斯坦福，建筑无法在高度上取胜，只好在风格上花心思。四方院别出心裁地采用西班牙殖民式建筑，一方面隐含加州历史背景；另一方面又以极简的风格展现加州自然不造作的文化特色。校园中心的四方院除了常常吸引观光客驻足外，也是学生们主要活动的区域，因此上下课时间，常常可见校车、自行车往来，络绎不绝。

在四方院中心的草地上，最引人注目的是一群黑色的人像雕塑。可别小看这几个黑不溜秋的塑像，他们可是法国雕塑家罗丹所创作的希腊哲人。这块空地传达了斯坦福反战、和平的主题，细看会发现这些哲人表情悲伤，哀悯地看着人世纷争。

四方院是纽约中央公园设计师的作品，现在是旅客必游之地。

Info

➡ 免费校内公车可以到达，亦可自行开车，但要付费停车。

胡夫塔夜景，不过为了学生安全，胡夫塔夜间不开放，夜景只能远观不能近玩。

胡夫塔是斯坦福最高点，可以鸟瞰校园全景。

阳光、蓝天、四方院，是加州斯坦福大学的标志。

胡佛塔Hoover Tower MAP:C3

Top2

话说斯坦福校友里出了唯一一位美国总统就是胡佛总统（Herbert Clark Hoover），这位1895届的校友为了庆祝1941年斯坦福50周年庆，建造了胡佛塔，为斯坦福增添了一个可以俯瞰校园的好地方。胡佛总统的老本行是水利工程师，曾经到天津住过8年，经历过义和团之乱，因为这么一层因缘，胡佛总统对中国文化十分爱好，还捐过5万美元给母校建立胡佛中心。所以斯坦福的胡佛塔在东亚文化的研究与资料的保存上，可说是相当齐全而丰富。

胡佛塔高86.87米，是斯坦福著名的地标，虽然高度听起来不怎么显眼，但在这附近已经算是数一数二的高塔了。当天气晴朗的时候，登高望远也颇为心旷神怡；尤其是空气清新、能见度高的日子，还可以一眼看到旧金山呢！不过这是可遇不可求的运气，因为旧金山也是出了名的雾都，平时的能见度并不高。

胡佛塔上还有比利时在美教育基金会（Belgian-American Education Foundation）赠送的48个钟，其中最大的钟刻有"For Peace Alone Do I Ring"的字样。如果有时间的话，不妨顺便参观大厅内的胡佛夫妇展览，可以对这位斯坦福杰出校友多一点认识。

Info

- 10:00～16:30
- 免费校内公车可以到达，或从四方院步行5分钟
- 成人$2；13岁以下或65岁以上$1；学生及教职员持证免费

斯坦福美术馆Cantor Arts Center MAP:C2

Top3

斯坦福大学建校期间就规划建造了自己的博物馆Stanford Museum，其中的收藏品大都是艺术品；在百年大地震的时候，博物馆毁于一旦，一直到1999年才整修扩建完毕。旧有的博物馆建于1891年，主要是为了斯坦福夫妇的爱子小斯坦福而建，小斯坦福热爱艺术与建筑，因此收集了许多世界级的收藏。1999年重新建好的博物馆改名为美术馆，不只是面积扩大到10000平方米，馆藏更是充实、丰富了许多。

斯坦福美术馆最著名收藏就是法国著名雕塑家罗丹（Augeuste Rodin）的作品，拥有的数量仅次于法国罗丹美术馆与费城博物馆，排全世界第三位。四方院中心就陈列有许多罗丹的作品，可见斯坦福家族真的是罗丹大师的忠实支持者啊！有机会到访美术馆的人一定要到后面的罗丹雕塑花园（The Rodin Sculpture Garden），可以看到一系列大至5人高3人宽、小至手掌大小的雕塑艺术，绝对让你有种不虚此行的感觉。其他像美洲画家的作品、非洲面具雕塑等，也值得一看。

每年10月的某一个周四，斯坦福美术馆会举办一次年度盛会（Partyonthe Edge），美术馆不但开放到深夜12点，许多学生艺术团体也会来表演他们的节目。参加时，现场不但提供免费的小点心，还可以欣赏到舞蹈、打击乐等有趣的学生表演，体验斯坦福学生学术表现之外的活力。

Info

- 周三、五、六、日11:00～17:00，周四11:00～20:00
- 休 周一、二
- 免费校内公车可以到达，亦可自行开车。

世界级的管风琴，演奏起来相当有巴洛克风。

教堂内部，庄严又不失瑰丽。

Top 4

除了婚礼，毕业典礼的时候，大家也会聚集在教堂前照相。

斯坦福教堂 MAP:C3
Stanford Memorial Church

位于四方院中心的斯坦福教堂，相当辉煌华美，是学生及游客必游之地。这座教堂是为了纪念创校的斯坦福夫妇与他们早逝的儿子所建的。建设教堂的斯坦福夫人曾说："我的心属于斯坦福大学，但我的灵魂则长眠于此教堂。"经历了独子与丈夫相继离世的打击，斯坦福夫人仍坚强地完成了建校的梦想，但最终还是希望通过这座纪念教堂，来让灵魂与家人在另一个世界团聚。现在教堂不仅是后人追思、遥想建校历史的地点，更见证了7 500多对校友喜结连理。

由于这座教堂的意义深远，建造时花费了相当多的人力、物力，精致的拱门，超过两万种颜色的马赛克砖画，以及当时全世界最大的彩绘玻璃，为教堂营造了华丽而庄严的气氛，无论是白天还是夜晚，都展现平静而丰富的美感。另外，教堂内有四部管风琴，总数3 355根风管，是世界上少有的大规模演奏风琴，自然成为不少世界级演奏家必访之地，也因此大饱了学生们的耳福。

走在教堂凉爽的长廊，不难发现地上有许多写了数字的地砖。这些数字记录的是斯坦福每一个学年，从1895年第一届毕业生至今，斯坦福出了许多知名的杰出校友，为美国乃至世界培养了许多人才。

Info

- 整天，每周日会有礼拜活动
- 免费校内公车可以到达，也可自行开车

斯坦福教堂夜景，教堂夜间仍打光，富丽堂皇。每年秋季9月底至10月初的月圆之夜，会在此举行学生派对。

Top 5 盖茨与帕卡德电机工程大楼 MAP:B2

Gates & Packard Electrical Engineering Building

盖茨电脑科学系馆近景。

这里到晚间仍是灯火通明，因为研究生们还在拼命做实验、写报告啊！

看到Gates跟Packard这两个名字，可能会联想到微软的创始人比尔·盖茨（BillGates）与惠普HP的创始人大卫·帕卡德（David Packard）。没错！斯坦福最负盛名的两个系所电脑科学系（Computer Science）与电子工程系（Electrical Engineering）的系馆便是由这两位大名鼎鼎的企业家捐赠的。

位于校园西侧的盖茨（Gates）与帕卡德（Packard）两座大楼隔着一个喷水时钟相望。左侧的玻璃大楼，融合了西班牙与现代风格的建筑，是被学生简称为"Packard"的电机系馆。1994年，硅谷最早的创业者也是斯坦福校友的William Hewlett与David Packard，捐了7 750万美元做校舍改建，这也是斯坦福有史以来最大笔的捐款。虽然还有一座惠烈教学大楼，不过因为帕卡德特殊的建筑风格，所以成为大家较为熟知的景点。

另一座名为盖茨电脑科学大楼（Gates Computer Science）的建筑则是由世界首富比尔·盖茨捐赠的。虽然微软的比尔·盖茨是哈佛的辍学生而非本校校友，但因为斯坦福可以说是硅谷与电脑业的人才培育中心，而且许多微软的员工也是来自这里，所以盖茨也以很大手笔捐建了一座系馆。别小看这座不起眼的建筑，里面可全是全世界最先进的电脑科技与设备！

Info

- 下午5点前可自由进出，之后只能凭本系学生证刷卡出入
- 免费校内公车可到达，也可自行开车

Top 6 白色广场White Plaza MAP:C3

万圣节是美国一年内最有趣的节日之一，大家都会参加化装舞会或游行。

白色广场是学生活动的中心，也可以说是斯坦福生活功能的重地。围绕着白色广场的是银行、邮局、书店还有餐厅，新生初来乍到的时候，最常去的无非就是这里了。除了学生社团会在这里练习之外，不定时会有外面的团体来摆设摊位，所以这里总是热热闹闹、人来人往的。

每次经过白色广场总会看到各式各样不同的活动，有的时候是特技杂耍社团在这里抛球、顶碗盘，有时候是滑板社在这里练习"Try and Error"。美国大选期间这里也会有些政治性社团的摊位，各有各的主张，一副井水不犯河水的样子。其实这里就是美国社会熔炉的缩影，各色人种与各种不同的团体在此交流、相互影响，造就了斯坦福多彩多姿的生活与美国富强的国力。

这里同时也被学生称为"爪子"（The Claw），这是因为在广场中心有个喷水池，池中有个爪型的大雕像。每到夏天，热情奔放的加州女孩们就会身穿比基尼泳装，在喷水池中玩水、消暑，展现美国式的青春。

同学们很会利用资源，在校园喷水池狂欢消暑！

白色广场喷水池，白色广场是学生活动的中心。

Info

- 一整天都开放
- 步行、自行车

注意事项

斯坦福大学如前文所提的，校园面积广大，可以一游的景点其实不少。不过也有很多地方限制非本系学生进入，特别是一些重要的实验室，即使是学生，如果没有特别许可，也是不能进去的。这里尽量挑选有代表性的景点，希望提供一些信息给有兴趣游览斯坦福大学的人。在游客中心也能取得许多详细资料，或是报名参加学校安排的游览行程。

斯坦福大学游客中心 http www.stanford.edu/dept/visitorinfo/plan/guides/visit.html

斯坦福大学周边吃喝玩乐

生活在斯坦福

帕拉阿图幽美宁静，居住品质良好，房价也居高不下。

斯坦福电影院常放映经典老片与艺术片。

帕拉阿图市的市中心主要以大学路（University Ave）为主要干道，两旁商店、餐厅林立，客源也主要是斯坦福大学的学生及教职员。学校的免费校车行经市区，对学生来说还算方便。虽然这里的消费指数偏高，食物也都以西餐为主，不过花点心思还是可以找到一些价格公道又美味的餐厅，特别是意大利菜、泰国菜都有不少令人满意的选择。

斯坦福大学是一个相对来说单纯的环境，虽然没有像哥伦比亚大学、纽约大学等学校可享受大城市的便利，但是优美、休闲的风景与宁静、自在的小镇风光也别有一番风味。特别是这样的环境让学生心无旁骛，可以专心在学术上努力，这可能也是斯坦福能在学界称霸的原因之一吧！

另外值得一提的是，因为校园地广人稀，所以校方在靠近市中心的地方规划了一区作为购物中心，出租给百货公司、名牌商家，可谓生财有道。于是斯坦福的学生们可以搭乘校车到Macy's、Nordstorm等百货公司购物，甚至连Burberry、LV都有门店在这里呢！

美食餐厅

1 Osteria 意大利餐厅

$ $15左右
➡ 247 Hamilton Ave, Palo Alto, CA 94301
☎ (650)328-5700

全帕拉阿图市最著名的意大利餐厅，食物美味且价钱公道，因此每天几乎都是高朋满座，事前最好先订位，不然现场通常是一位难求。店主一家是意大利移民，家庭式经营，店员彼此好像都是亲戚。店面虽然不大，不过效率与管理都很有一套，难怪会受附近民众的喜爱。店里提供十多种意大利面，整体评价都不错，喜欢意大利面的朋友绝不能错过招牌的Linguine con Vongole，新鲜番茄做的酱汁搭配蛤蜊，不仅吃不出腥味，反而更添鲜美，吃过的朋友无不称赞！

Osteria招牌之一，少见的蝴蝶面，搭配浓浓的奶油酱汁与鸡排，值得一试。

斯坦福大学附近的消费水准很高，比起大城市一点儿也不逊色。同学们常常抱怨这里是大城市的价格，选择与方便性却只是乡村等级。很多人到这里开始自己下厨，几年下来厨艺突飞猛进的大有人在。因为宿舍提供的厨房设备相当完善，傍晚下课回宿舍时，各国料理的香味经常香飘十里。

同学们常举办Potluck聚餐，每人带一道拿手菜来。

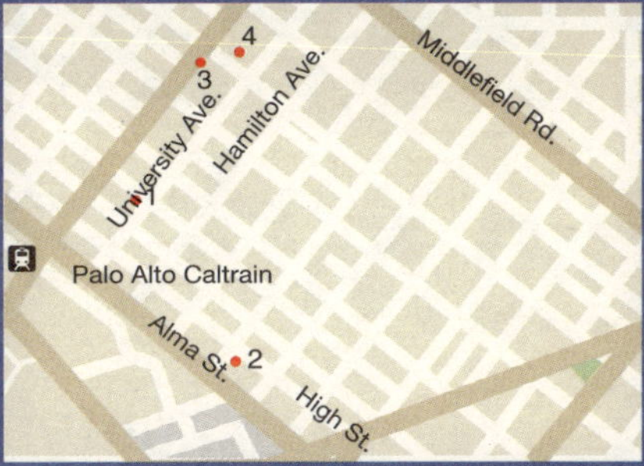

2 Peninsula Creamery美式手工汉堡

$18左右
900 High St. , Palo Alto, CA 94301
(650)323-3175

喜欢美式汉堡的朋友可以考虑这家餐厅。有别于Friday's之类的美式连锁店，这家餐厅从布置到整体风格，更像是20世纪70年代地道的美式汉堡店。别以为汉堡就是麦当劳的快餐，美式手工风格的汉堡不仅选择多，口感也挺不错。店里有许多种不同的汉堡可供选择，里面夹的肉类与面包的种类都有不同的组合，虽然分量大了一点，不过这就是美式食物的特色哟！另外，他们的奶昔有十多种口味，新鲜、现做加上浓纯的奶味，被誉为湾区最好喝的奶昔呢！

3 Pluto's冥王星餐厅

$10左右
482 University Ave., Palo Alto, CA 94301
(650)853-1556

很有特色的小店，专门提供蔬菜沙拉，爱美的女士绝对不能错过。美国食物常常偏油腻、重口味，自己烹调蔬菜也很难兼顾多样性，这个时候就可以到Pluto's来轻食一下。店里提供两种沙拉，一种是大家熟悉的凯萨沙拉，另一种则是以菠菜为主的绿色沙拉。决定沙拉主要的蔬菜后，可以选择7种配料蔬菜，比如蘑菇、玉米、番茄、甜菜、花椰菜等；还可以挑选搭配鸡肉、火鸡，或是炭烧牛肉片，味道都相当不错。除此之外酱料的选择也很多，从千岛酱到油醋一样不缺，可以满足顾客不同的喜好与需求。最后，服务生会用一个超级大碗熟练地将你选的配料与沙拉拌在一起，再来一块香料面包，一顿兼具美味与健康的餐点就等你来享用了。

4 California Pizza Kitchen 加州比萨厨房

大学路分店

$15左右
531 Cowper St., Palo Alto, CA 94301
(650)323-7332

斯坦福购物中心分店

$15左右
136 Stanford Shopping Center, Palo Alto, CA 94304
(650)325-2753

加州近年兴起的比萨专卖店，虽然是连锁店，不过口味与风格都走精致路线，比萨的材料也选用加州当地特产，到加州旅游一时想不到吃什么的人可以来试试看。斯坦福校园附近有两家加州比萨厨房，一个在大学路（University Ave.）上，另一家则开在斯坦福购物中心（Stanford Shopping Center）里。由于加州人种多，店里也常推出日本、墨西哥、中国风味的比萨，跟大家印象中一般美式的食物有很大不同。

加州俱乐部比萨（California Club Pizza）是店里的招牌，食材大量运用加州产的新鲜酪梨，吃起来口味清新不油腻，也是笔者每次都会点的比萨。

洛杉矶

加州大学洛杉矶分校

University of California, Los Angeles，简称UCLA

目前在UCLA医学院从事博士后研究。

喜欢肚皮舞以及科学家。

旅居洛杉矶八年，在南加大拿到微生物免疫硕士以及病理学博士。

作者：陈萱萦

University of California at Los angeles
State of California. United States of America (USA)

UCLA

城　市：洛杉矶市
州：加利福尼亚州（California）
吉祥物：Bruin熊
代表色：蓝色和金色
学校官方网站：http://www.ucla.edu
加州大学洛杉矶分校中国学生学者联谊会网站：
www.cssaucla.org

Los Angeles & UCLA

洛杉矶 & 加州大学洛杉矶分校

UCLA位于充满雅痞和名人的洛杉矶西坞区，北临高雅的Bel Air住宅区，东边是影星名人聚居的贝弗利山庄，校园距离太平洋只有8公里。

学校简介

创立于1919年的加州大学洛杉矶分校，有个大家耳熟能详的简称“UCLA”，是UC（University of California）系统10个分校当中第二个成立的。校区占地大约170公顷，400多栋建筑，目前有37 000多名学生注册在校。UCLA是一所以研究和教学为主的大学，着名的领域包括医学院、工学院、法学院、商学院等。校园分成北校区和南校区，北校区内有美丽的花园、雕塑公园和博物馆，间或散布着创校时期兴建的罗马式（Romanesque）建筑，包括艺术、人文、法商学院。南校区则是现代化的建筑,分布着工学院、生命科学、心理学系以及医学中心。UCLA除了拥有超过800万册藏书的图书馆之外，球队和运动员的运动竞技排名也是全美第一。到2007年为止，UCLA总共囊括了100个NCAA冠军奖杯，创下全美大学获得冠军奖杯最多的纪录。UCLA的强项是男子篮球，共获得11次美国大学男篮冠军，遥遥领先于第二名的肯塔基大学（7次）。这11次的冠军，有10次是在传奇教练约翰·伍登的带领下获得的，因此NCAA最佳球员奖，也是以伍登的名字命名的。女子水球和排球也是UCLA的强项。除了大学比赛之外，UCLA的运动员也在奥运会拿下超过两百块奖牌。

UCLA NCAA行政中心。

学校声望 & 杰出校友

万艾可的发明人、诺贝尔奖得主：路易·伊格纳罗（Louis J. Ignarro）

电影《教父》系列和《现代启示录》的导演，奥斯卡奖得主：弗朗西斯·科波拉 Francis Coppola

电影《公民凯恩》（该片被列为电影史上百大经典电影之一）的导演：奥逊·威尔斯 Orson Welles

台湾著名主持人：蔡康永

华语流行音乐创作歌手：陶喆

UCLA校风开放，医学和科学研究也非常杰出，UCLA教授Louis J. Ignarro在一氧化氮传导的研究上有重大贡献，不仅获得了诺贝尔奖，还发明了药品万艾可（即“伟哥”）。艾滋病也是在UCLA被首度诊断和鉴定出来的。洛杉矶加州大学医学中心（UCLA Medical Center）每年都被美国新闻周刊（US News）评为美国西岸最好的医学中心。也由于洛杉矶加大医学中心的杰出成就，在2006年美国国家科学基金会的评比中，UCLA在2004年总共花费8亿美金的研究经费，代表它是全美获得最多科学研究经费的公立学校。UCLA也是网际互联网的发源地（1969年），从此以后，网际互联网成为最重要的沟通方式。

在*News Week*2009年公布的世界大学排行榜上，UCLA排名第25，另外，教育学院第3、法学院第16、医学院第9、电机工程第13、商学院第11、科学第23，由此可见UCLA的学术声望与教学品质在全美是数一数二的。

UCLA与加州大学伯克利分校

UCLA刚进入加州大学系统时，被视为伯克利分校的姊妹校，因此两校的许多传统和学校的象征都非常接近，学校的代表色都是蓝色和金色，只是色调不同。UCLA使用的是True Blue and Gold，伯克利分校使用的是Yale Blue and California Gold。学校的吉祥物则都是熊，只不过UCLA的特别称作是Bruins。

UCLA的独特魅力

UCLA的两个邻居分别是好莱坞和著名的私立大学南加州大学（USC），这两个芳邻分别与UCLA产生“化学作用”，使得UCLA更加与众不同。

镜头下的UCLA

UCLA的医院常常出现在美国的电视剧、电影和新闻中，在2002年，获得创办梦工厂的著名电影制片人David Geffen两亿美金的捐款，创下美国医学院有史以来接受单一捐款的最高纪录。这一庞大的科学研究成本，又造就了UCLA更多学术纪录。

UCLA美丽的校园也成为不少电影的场景，包括《律政俏佳人》（Legally Blonde）、《永不妥协》（Erin Brockovich）以及《美国派2》（American Pie2）。由于邻近好莱坞，UCLA也是无数媒体工作者和演员的摇篮。著名的校友包括《教父》系列和《现代启示录》的导演、奥斯卡奖得主弗朗西斯·科波拉（Francis Coppola）、美国摇滚巨星詹姆斯·莫里森（James Morrison，门户合唱团主唱）和电影导演奥逊·威尔斯（Orson Welles，其拍摄的《公民凯恩》一片被列为电影史上百大经典），在校的学生中也不乏名人。

校园边的咖啡店常常可以看到名人学生，譬如曾是金球奖得主、在《蜘蛛侠》系列电影中饰演蜘蛛侠大学好友的James Franco（历史系），而著名的拉丁音乐界巨星夏奇拉（Shakira）也使用化名在UCLA修习西方文明史（历史系）。

UCLA VS. USC校际对抗

提到UCLA，就不能不提到UCLA和USC之间疯狂的校际对抗（rivalry）。校际对抗是许多美国学校的传统，但是由于UCLA和USC相距只有16公里，规模相似，一所是著名的公立学校，另一所则是具有深厚传统的私立学校，因此两校间的对抗非常精彩。校际的运动对抗最终目标是夺得由凌志公司赞助的Lexus Gauntlet奖杯。从2000年到2007年，两校势均力敌，分别拿到三次奖杯。

美式足球季是校际对抗的最高潮，每年的10月和11月，两校学生就会陷入疯狂，分别举办对抗赛，包括称为bleed the red out的捐血比赛（因为USC的学校代表色是红色）、健身比赛（Run for UCLA）等，活动的高潮在校际美式足球对抗的前一周，此时会有各式各样的游行，为了保护校园的吉祥物Bruin，学生会会把大熊雕像用胶布紧紧缠绕、包裹以免被喷漆或被破坏，蔚为壮观。

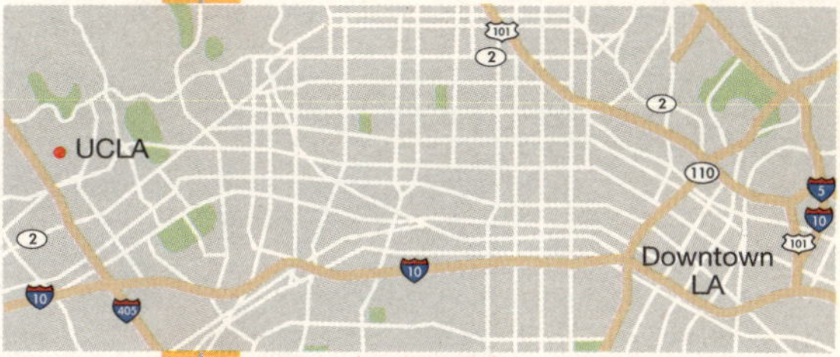

如何到达UCLA

大洛杉矶地区东西绵延110多公里，从太平洋畔的圣摩尼卡（Santa Monica）到东边的克莱蒙（Claremont），一条条高速公路串起一个个的城市，构成全美国最庞大，最错综复杂的高速公路网络和最令人望而却步的交通。相对于纽约有着全美最完善的地铁系统，腹地广大的洛杉矶，大众运输系统对自助旅行的旅人不太友善。想玩遍洛杉矶，最容易的方法还是开车，但洛杉矶的交通也是著名的黑暗。据统计，全美国最堵塞的高速公路，洛杉矶就有3条榜上有名，尤其是由机场通往UCLA的405号公路，更是拥挤不堪。

幸运的是，UCLA坐落于交通方便的西坞（Westwood）区，东边紧临著名的贝弗利山庄（Beverly Hills），西边则是圣摩尼卡海滩，这也让UCLA成为游客到洛杉矶一定要拜访的景点之一。

从洛杉矶国际机场（LAX）到UCLA

方法1 公车Fly Away Bus

从LAX到UCLA最快速且最便宜的方法，就是搭乘由市政府和加州大学联合运营，由洛杉矶机场直达UCLA所在的西坞（Westwood）区的Fly Away Bus。

Info

- 5:00～次日1:00，每整点和半点对向发车。
- 单程：$4

从机场航厦出来之后，在每个航厦大门外的安全岛上，写着“Fly Away, Buses and Long Distance Vans”的绿色招牌下方就是乘车处。蓝色的Fly Away Bus有三条路线，分别开往Westwood、Van Nuys以及Union Station，上车前务必确认是开往Westwood方向。巴士中途不停车，直接抵达UCLA，下车处即是UCLA的32号停车场。

在机场出口外挂着绿色牌子的安全岛上等待，就可以看到 Fly Away Bus。

备注：出发前请记得上网查询最新运营情况。
Fly Away Bus网站：http www.lawa.org/lax/LAXFlyAway-Westwood.html

方法2 自行开车

租车公司分布在洛杉矶机场四周，领车的时候，记得跟租车公司要地图。照着地图走405号高速公路往北方向，大约16公里之后在Wilshire Blvd.的东边出口，往Westwood方向下交流道即可。由于UCLA校园小、学生多，停车位非常有限，所以大多数学生都是走路、骑车或是坐公车上学。校园停车费$9（2008年资料），可以在Westwood Blvd.的Information Booth（询问处）购买停车证。校内有些停车场有以小时计费的停车收费机，要先付费再将收据留在前挡风玻璃以备查询。

方法3 出租车或是九人座小型巴士

出租车或是九人座小型巴士：点对点的接机服务可以选择出租车或是九人座小型巴士。出航厦右手边可以看到黄色的出租车停靠站牌，小型巴士则在橘色的“Shared-Ride”招牌下有服务人员，有Prime Time Shuttle或是Super Shuttle可以选择。记得事先准备目的地的交叉路口名称，或是邮政编码（Zip Code），以备服务人员询问。Shuttle到UCLA附近大约收费$20～25，若有行李，请加付车费的15%当小费。

Info

小型巴士相关网站

Prime Time Shuttle http www.primetimeshuttle.com
Super Shuttle http www.supershuttle.com

从洛杉矶市中心到UCLA：

在市中心的中央车站（Union Station）西北角的Cesar Chavez Ave.和Broadway交叉口，乘坐2号公车（Metro Bus 2）往Sunset-PCH方向，大约90分钟可以抵达UCLA校内的Ackerman站。车费$1.25（2008-2009年夏）。

从UCLA前往其他地区：

从UCLA前往贝弗利山庄（Beverly Hills）

观光客的圣地贝弗利山和UCLA所属的Westwood区相邻，可以在Le Conte Ave.和Broxton Ave.的交叉口乘坐20号Metro Bus前往Downtown方向，在Wilshire Blvd.和Beverly Dr.的交叉口下车。往回走两道街就是著名电影《麻雀变凤凰》的场景Rodeo Dr.。

从UCLA前往圣摩尼卡海滩（Santa Monica）

圣摩尼卡市有自营的Big Blue巴士，是大洛杉矶地区最好也最友善的巴士系统，曾经获得美国大众交通协会的“最优良年度大众交通系统”奖项。天空蓝的巴士，漆着大大的Big Blue Bus，非常显眼，也是UCLA学生常用的交通工具。只要持有UCLA的学生证，搭乘Big Blue Bus只需要25美分。从UCLA车站乘坐Big Blue Bus的1、2、3号巴士都可以抵达Santa Monica的几个主要观光点。

Info

查询Big Blue Bus路线

http www.bigbluebus.com/home/index.asp

A B C D E
1 2 3 4 5 6 7
莫菲雕塑公园
The Franklin D. Murphy Sculpture Garden
3
罗伊斯厅
Royce Hall
5
鲍威尔图书馆
Powell Library
6
1
大熊广场
Bruin Plaza
2
UCLA星象馆
Planetarium
4
植物园
Botanical Garden
N
UCLA校园平面图

beautiful view

UCLA校园美景

UCLA校园美景

1. 大熊广场
Bruin Plaza
2. UCLA星象馆
Planetarium
3. 莫非雕塑公园
The Franklin D. Murphy Sculpture Garden
4. 植物园
Botanical Garden
5. 罗伊斯厅
Royce Hall
6. 鲍威尔图书馆
Powell Library

Top 1

大熊广场Bruin Plaza MAP:D3

游览UCLA，最好的路线就是从大熊广场开始。大熊广场位于UCLA校园的中心点，是学生活动的主要根据地，书店、健身房、餐厅等都集中在这里。一走进大熊广场，首先映入眼帘的除了来来往往的学生和游客，就是著名的棕熊雕像。2米高的Bruin是洛杉矶加大的吉祥物，也是游人不能错过的景点。由于UCLA和USC的校际竞争非常激烈，每年足球季开始以后，Bruin雕像就会被紧张的氛围包围，这种气氛会在UCLA和USC两校对抗的足球赛前一个礼拜达到白热化。大熊广场会举行誓师大会，而棕熊雕像则会用银色的布包裹起来，避免遭受USC的攻击。

学生活动中心前的大熊广场。这是UCLA书店学期中和学期末都会举办的特卖会。

大熊广场旁边就是学生活动中心Ackerman Union，里面有书店、餐厅、邮局、银行，专卖苹果产品的Apple Store，以及著名的UCLA Store。UCLA Store可以算是全美最大的校园品牌，UCLA Store把UCLA这个品牌当成商品，以全球化的方式经营，在这个商店可以买到所有印有UCLA标志的纪念品，从衣服、文具，到餐具、饰品，而且还行销到全世界。由于印有UCLA商标的产品和衣服非常抢手，其除了在全美和欧洲各地设有分店之外，亚洲是其最大的市场，有超过30家的分店，每年替UCLAStore带来超过40万美元的收入。

既然到了全美最大的校园品牌总店，不要忘记带件有着传统UCLA特色的衣服回家做纪念哟。除了UCLA Store以外，学生活动中心内的Apple Store也是UCLA的特色之一，这里的苹果电脑产品号称是全美最低价的，每周都有苹果电脑的折扣和清仓，一台Mac book常常低于900美元，学生凭学生证还可以再打折，这样的行情直是全美唯一。

UCLA的吉祥物大熊雕像，后方就是体育馆Wooden Center。

Top 2

UCLA星象馆　Planetarium MAP:D4

你相信UCLA有自己的太空剧场吗？像在自然科学博物馆看到的那种有360°投影星座的太空剧场？没错，UCLA有自己的天文台和星象仪。逛完大熊广场之后，往东沿着BruinWalk走，就能看到数学天文大气科学系馆（The Mathematical Sciences Building）。每个星期三晚上，这里都有免费的星象投影，放映各个季节的天空景象以及星象奇观等360°投影影片，看完影片以后，还可以留下来观赏天文望远镜。系馆屋顶的天文台有个14寸的天文望远镜，可以放大206倍，可观赏木星、土星环、星云、星团，等等。UCLA天文台另有一个24寸的天文望远镜，只在特殊天文景象发生时开放给大众观赏。

天文馆特有的圆形屋顶。

Info

UCLA星象馆最新时刻表查询
http www.astro.ucla.edu/planetarium
$ 免费入内参观

莫非雕塑公园 MAP:E2
The Franklin D. Murphy Sculpture Garden

Top 3

位于北校区的雕塑公园，是美国西岸最大的户外雕塑展示园地。2公顷大的花园当中，展示着超过70件20世纪雕塑大师的作品。其中包括罗丹（Auguste Rodin）的Walking Man、野兽派大师马蒂斯（Henri Matisse）的Backs以及被誉为20世纪最伟大雕塑家的亨利·摩尔（Henry Moore）的数件作品。

Info

全天
$ 免费入内参观

Walking man是典型的罗丹风格，大师的作品在这里可以任你亲近。

铜雕、石雕作品散布在雕塑公园四周，很有感觉哟。

Top 4

植物园Botanical Garden MAP:E5

从数学天文大气科学系馆所在的科学广场往南，就是南校区（South Campus），这里主要是医学院和工学院的系馆。在校园的东南角落，隐藏着一个占地约3公顷的植物园，里面包罗了包含热带和亚热带将近5000种植物。这个植物园没有很多的访客，你可以在这个隐藏的秘密花园里享受片刻的宁静，不管是在小溪边野餐，在石头板凳上发呆、冥想、打盹，或是喂喂不怕人的松鼠，会顿时让人遗忘此时正身处繁忙的校园当中。

植物园当中有棵北美洲最高的红木，1944年从中国引进种子种植直到现在。园中还有一棵全美最高的尤加利树，是20世纪60年代从澳大利亚移植而来的。植物园里的松鼠完全不怕人，所以吃东西的时候要小心被松鼠攻击。

Info

- 平日8:00～17:00，周末8:00～16:00
- 免费入内参观

Top 5

罗伊斯厅Royce Hall MAP:D2

从雕塑公园往校园的南边走，就会见到UCLA最重要的地标之一——罗伊斯厅。罗伊斯厅建于1929年，以当代著名哲学家的名字Josiah Royce命名，是UCLA校园里最古老的四栋建筑之一。以仿古罗马式建筑为蓝本，罗伊斯厅有着圆拱形的廊柱和拱顶的屋顶结构，左右两侧耸立的高塔，两旁的拱门及排列整齐的柱子，给人一种庄重而有韵律的空间感受。罗伊斯厅现在是UCLA Live的主要表演场地，每年都有上百场世界级的音乐、舞蹈或是戏剧在这里上演，云门舞集（中国台湾一个现代舞表演团体）、著名大提琴家马友友、钢琴家郎朗等都曾在此演出。除此之外也会有很多不同文化的表演，譬如印度传统音乐、非洲鼓或是中东音乐等。夜晚的罗伊斯厅映衬在灯光之下，穿梭着身着正装的观众，显得格外有气氛。

Info

- 罗伊斯厅平日也作为教室，除有表演以外的周末不开放
- 平日参观免费，UCLA Live 活动票价15～100美元不等，UCLA 学生可享受部分表演15美元的特价票
- www.uclalive.org

鲍威尔图书馆的八角塔楼。

Top 6

鲍威尔图书馆Powell Library MAP:D3

和罗伊斯厅一样，同样身为校园最早的建筑之一的鲍威尔图书馆也是UCLA的重要地标。鲍威尔图书馆就位于罗伊斯厅的正对面，是UCLA的总图书馆，藏书量超过800万册，也是美国最大的三座图书馆之一。鲍威尔图书馆的设计和罗伊斯厅类似，也是以仿古罗马式的建筑为样本。上方的八角形塔楼是仿造意大利波隆那地区的圣赛波卡教堂，入口处则是仿维洛那的圣齐诺瓦教堂。图书馆内古色古香，充满建筑师的巧思。大家在这里可以看到漂亮的拱形窗户，雕梁画栋的屋檐和廊柱，西班牙风格的瓷砖墙面装饰，等等。

Info

只要在开放时间，任何访客都可以进入

1

2

4

3

1. 4.图书馆内的拱廊和廊柱上的雕塑令人赞叹。
2. 图书馆外观，仍然保持当年精致的雕刻。
3.远望鲍威尔图书馆八角塔楼，很有欧洲风情。

yummy food

UCLA周边吃喝玩乐

逛完校园之后，何不找家咖啡店坐下来，看看有没有机会碰上明星或是首映会？吃腻了美式餐厅，也可以试试洛杉矶著名的融合风饮食哟。以下就介绍几家在学校周边，UCLA学生喜爱的餐厅。

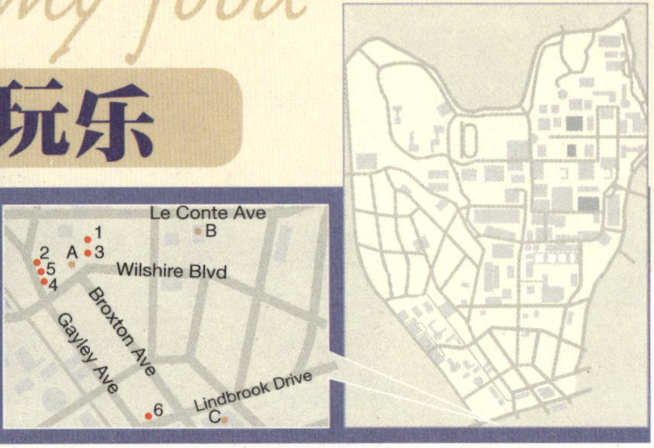

校园平价美食

洛杉矶

1 Diddy Riese Cookies冰激凌店

➡ 926 Broxton Ave.（在Le Conte和Weyburn Blvd中间）

在曼式戏院的斜对面，有家小小的店面前总是排着长长的人龙，这就是西坞区传奇的1元冰激凌店。可以从10种现烤的饼干和12种冰激凌中选择自己喜欢的搭配。这算是昂贵西坞区中，又便宜又好吃的小点心。

2 In-N-Out burger汉堡专卖店

➡ 922 Gayley Ave.

http www.in-n-out.com

来到加州一定要吃吃看的In-N-Out，1948年创始于南加州的Baldwin Park，是历史上第一家使用得来速（drive-through）方式，以对讲机点餐的速食店。价位在$0.99～$4.5之间，是所有加州留学生的最爱。店里所有的食材不经过冷冻，汉堡面包经过烘烤，边缘微脆，薯条则是完全现场制作，奶昔是由真正的冰激凌打成。除了最著名的“双层起司汉堡”（Double，Double）以外，店里还有特殊的神秘菜单，种类非常多。

3 Mr.Noodles泰国餐厅

➡ 936 Broxton Ave.

http www.misternoodle.com/fmain.htm

就在Diddy Riese Cookies的隔壁，Mr. Noodles是家Thai-Chinese餐厅，菜价不高又好吃，中午时间常常客满。午餐特别菜单（Lunch Special）$7.25左右，Mint Leaves、Kuo-Pao和咖喱都很不错，店里的Thai Tea尤其地道，还可以无限续杯哟。

4 Gushi韩式烤肉

➡ 978 GayleyAve.（位于Weyburn和Galley的交叉口）

Gushi的韩国烤肉因为既便宜分量又大，是UCLA学生最爱的午餐选择之一，中午时常常大排长龙。招牌餐点是Beef Steak Teriyaki Plate（$8.00）、Chicken Teriyaki Plate（$7.00），另外招牌韩国拌饭BiBimBab（$7.00）也是不错的选择。

5 Bella' s Pita中东料理

➡ 960 Gayley Ave.

UCLA附近由于中东人众多，也有许多中东式的食物可以选择。如果想要尝试地道的地中海式Pita饼，则可以到Bella's Pita试试著名的希腊Pita饼，价位在$3.5～6.00之间。本店的Pita是现点现做，推荐Falafel Pita，厚厚的饼皮内包着3枚热腾腾现炸的Falafel（是一种源自中东地区非常流行的食物）再填入好吃的生菜和酱汁，真是令人意犹未尽。

Falafel做法是将蚕豆（fava beans）和鸡豆（chickpeas）磨碎，混着数种香料，高温油炸制成丸子。Bella's Pita的Falafel外表炸成金黄色，里面则是漂亮的翠绿色，带着新鲜香草的香气，搭配着Hummus蘸酱，当做下午的小点心也非常适合。

6 Pinkberry优格冰激凌连锁店

➡ 10911 Lindbrook Drive

http www.pinkberry.com

从2005年开始，洛杉矶最时尚的甜点就是frozen yogurt，和传统美国人所说的霜淇淋不同，这种由韩国远渡重洋而来，号称低卡低脂，由真正的优格制作而成的冰激凌，吃起来酸酸甜甜，还可以随个人喜好，在上面洒上各式新鲜水果切片或是巧克力碎片，由于打着“健康甜点”的招牌，一开张马上席卷了整个洛杉矶。

Pinkberry开张之后，排队的人潮和违规停车的车辆曾经一度使附近交通瘫痪，并且创下一天之内开出1000多张违规停车罚单的纪录。

UCLA校外何处去

UCLA校园外，东西由Westwood Blvd.到Galley Blvd.，南北以Wilshire Blvd.到Le Conte为界的区域被称为Westwood Village，是洛杉矶著名的雅痞区，有许多著名的餐厅、咖啡厅、服饰店，等等。而Westwood Village沿着Wilshire大道往东的Holmby Hills，则被称为Millionaire's Mile，沿路可以看到许多饭店式公寓，户户价值超过百万美金。逛完UCLA校园，当然也要在Westwood Village附近走走，必看景点如下。

A 曼式戏院Mann Village Theater

961 Broxton Ave.
www.manntheatres.com/premieres/upcoming.php

具有西班牙风格，有1 400多个座位的曼式戏院建于1931年，原名Fox Theater，高大的尖塔，有着白底蓝字的Fox，是西坞区最明显的地标，和对街的Bruin Theater都是好莱坞常举行首映的戏院之一。每当首映会时，两戏院中间的Broxton Ave.就会封街，整条街铺上红色或是蓝色的地毯，还会搭建巨大的电影模型。首映会通常是晚上举行，但在下午就会开始有影迷排队等待影星抵达。虽然戏院已经80高龄，但是内部非常气派，维护良好，音响和影像都非常棒。即使不能参加首映，有机会的话一定要进场享受首映品质的声光效果。

Westwood Village附近的其他电影院历史都比较悠久，都是只有1厅或是2厅的小型电影院，包括Broxton大道上的Landmark Regent，Lind brook大道上的Mann National，等等。

B 格芬剧场Geffen Play House

10886 Le Conte Ave.
www.geffenplayhouse.com

格芬剧场是西坞地区最早的12栋建筑之一，由洛杉矶著名建筑师克里门（Stiles Clements）设计，最早是作为UCLA学生共济会员的聚会场所。格芬剧场原名西坞剧场，由UCLA所有，每年演出5出舞台剧，在2002年由著名电影制作人大卫·格芬（David Geffen）捐赠500万美金，在原本建筑的后方加盖了现代化的剧场之后，改名为格芬剧场。藤蔓盘绕的围墙内，石墙、拱门、铸铁栏杆，以及院子里马赛克拼贴的希腊式喷泉，在傍晚时分，灯光点亮之后，别具欧洲风情。

C 汉默美术馆 Hammer Museum

10899 Wilshire Blvd.（在Wilshire和Lindbrook交叉口）

由UCLA负责经营的Hammer Museum是个艺术博物馆，收藏着超过40 000件艺术品，其中包括部分印象派和后印象派名家的作品，如高更（Paul Gauguin）、凡·高（Vincent van Gogh）、莫奈（Claude Monet）、马奈（Edouard Manet），等等，还收藏有除巴黎以外最丰富的19世纪写实派画家杜米埃（Honoré Daumier）的作品。

Info

周四11:00～21:00，其他11:00～19:00
UCLA学生和教职员免费，一般游客须付门票$7，每周四允许所有人免费参观

D 盖蒂美术馆 The Getty Center

1200 Getty Center Dr.
www.getty.edu

来到UCLA不可不顺便拜访全美著名的盖蒂美术馆。盖蒂美术馆最著名的收藏就是凡·高的《鸢尾花》，除此之外，设计简洁、采用石材建筑的美术馆本身也非常有特色。从Westwood Blvd.和Le Conte Ave.的东南交叉口搭乘Metro Bus 233到Sepulveda/Getty Center站下车即可。

洛杉矶

南加州大学

University of Southern California，简称USC

作者：林岘 Christina

传播管理硕士、公共关系学士。

我喜欢漫步在黄昏的校园里，那时候的温度刚好，深呼吸仿佛就可以闻到空气里阳光的味道。

我也喜欢坐在树荫下的长椅上，怀念曾一起度过的回忆和那份属于我们的美好。

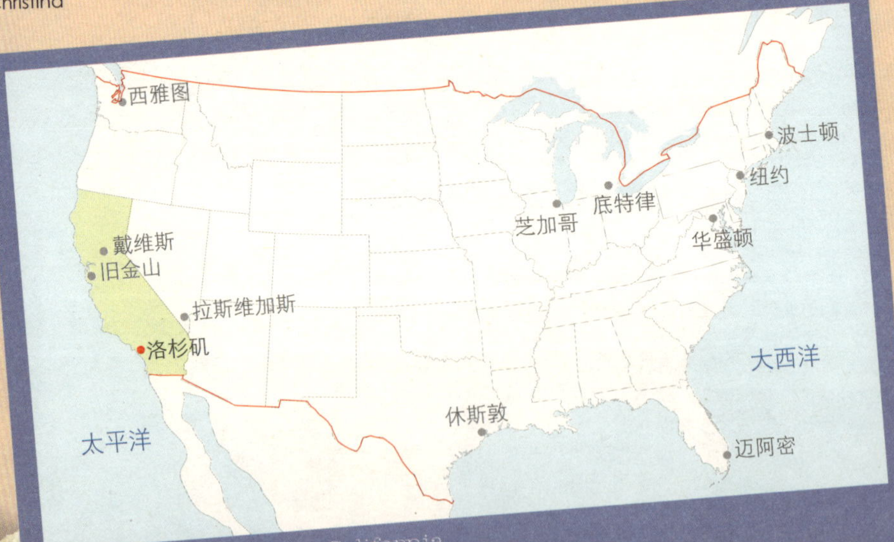

University of Southern California,
State of California. United States of America (USA)

U.S.C.

城　市：洛杉矶市
州：加利福尼亚州（California）
吉祥物：特洛伊武士（Tommy Trojan）和白马（Traveler）
代表色：红色和金黄色
学校官方网站：http://www.usc.edu
南加州大学中国学生学者联谊会网站：
www.-sct.usc.edu/~usccssa

洛杉矶 & 南加州大学

“谁是第一位登陆月球的太空人？”这个问题，大部分人应该都答得出来。但是你不知道的是，踏出人类一大步的阿姆斯特朗是南加大校友。南加大最大的特色就在于它是一所相当多元化的大学。位于洛杉矶的University Park校区，距市区的金融中心不到4公里，校方曾自夸地说，南加大的校园像是洛杉矶的大公园，是拥挤的城市高墙中的一块绿洲。

身为洛杉矶的第一所全科大学，南加大见证了洛杉矶市在20世纪间的崛起与建设。创校之初，由3位市绅在将近10年的努力下，终于募得款项和土地建立这座校园。当时的洛杉矶甚至没有完整的道路、电灯、电话或火灾警报系统，学校开学时只有53位学生和10位教授。有趣的是，为了保障学生安全，除非有校长的允许，学生不得擅自离开校区。另外，南加大第一届毕业生的最高荣誉奖项（valedictorian）获奖者是位女性，在当时的年代这是相当不容易的一件事。

学校简介

南加大成立于1880年，是美国西海岸规模最大也最古老的私立研究型大学。近年来，南加大一直致力于发展国际性及多元文化的学习环境，并积极将学校资源与周边社区共享。2000年获得时代杂志年度风云大学的头衔；2005年更被评为“最有良心的大学”之一，足见学校带动社区进步的贡献。除了资金之外，学校也鼓励学生担任志愿老师，和附近的中小学进行交流。这项计划受到全美媒体关注，也获得多方掌声。最重要的是，学生和当地的居民建立友谊并贡献所学，这种类似公益性质的交流理念，在美国年轻一辈中相当受重视，学校也不遗余力地大力推广。1992年洛杉矶发生种族冲突并在离校区不远的地区发生暴动，许多商家和民宅都遭到破坏，但是南加大的校区却没有损伤一砖一瓦，说明了学校因推动社区活动的建设而深受当地居民的爱戴。

洛杉矶绝佳的地理环境和加州热情的阳光造就了南加大活泼的校园文化。在特洛思德大道（Trousdale Parkway）上随时可以看到学生们骑着自行车谈天说地，或者坐在台阶上随性地读书。在这里，空气中的那股惬意就如同它多元的校风般令人感到轻松。再加上邻近好莱坞的地利之便，南加大不管在戏剧或音乐上的表现都相当著名，这也代表学校里有很多英俊小生或气质美女，为学校点缀了点点星光。许多好莱坞影片也喜欢在校园内取景，不时就会有大队的摄影器材和剧组的专车进驻。基本上，南加大的校区就是个星光闪闪的游园地！

南加大的校园是一个长方形区块，各个建筑物之间距离很短且皆为平地，斜对角悠闲漫步只需要20分钟，非常适合徒步闲逛，时间充裕则建议利用半天时间慢慢欣赏校园风情，融入当地生活。另外，这里的学生构成相当多元，随时都有不同年龄层和穿着打扮的人物。穿西装打领带的多半是商学院的学生，其他穿着牛仔裤、短裤上下学的学生更是占了多数，所以游客不用担心感觉突兀，在校区内闲逛也不需要事先申请，就当成是个大公园随意参观即可。

学校声望&杰出校友

《星球大战》导演：乔治·卢卡斯（George Lucas）

建筑大师：弗兰克·盖里（Frank Gehry）

南加大是世界知名的学术研究大学，在“US News & World 2008”全美排名第27。由于学校的课程种类完善，多年来学理与实务并重，这种微妙的平衡造就了不少学术界和业界的精英。南加大最著名的学院有排名第一的戏剧影视学院及职能和物理治疗。其他在业界享有盛名的科系包括传播、建筑、理工及商学院。以商学院为例，全美大学部排名第九，又以会计系排名最高，大学部第五、研究所第六。MBA方面，会计MBA排名第八，EMBA排名第九。音乐学院第十二，公共策略和都会计划学院第七，在不同领域里都有杰出表现。其中，理工学院在全美排名第八，并且近年成立了两所由美国国家科学基金会出资的工程研究中心，是全美获奖四所大学中唯一位于西岸的学校，目前有一位诺贝尔化学奖（1994年）得主为任职教授，另有12位教授为国家科学院成员，30位为国家工程科学院成员。

除了学术声望，南加大还有一项全美大学羡慕的成就：校友的团结和募款成绩。由于南加大是私立大学，学校必须靠自己的力量向社会各界募款以确保治学品质。在过去10年，南加大收到四笔单项超过1亿美元的捐款，是全美第一。这说明了学校除了在专业领域上有相当的成就外，南加大校友也高度活跃于社交界。校方也相当重视校友间的联系，在世界各地成立校友会。南加大人之间交流频繁，是事业及人脉的一大助力。这种现象在洛杉矶更是明显，校友的疯狂程度也会随着大学美式足球赛季而随之加温。

从洛杉矶国际机场到南加大

方法1 开车

须先上105号公路往东，接110公路往北，于Exposition Boulevard交流道下高速公路靠左，穿过37街、Flower Street及Figueroa Street，行至Pardee Way再右转进入学校大门，如果不堵车的话大约需要30分钟。

方法2 机场小巴士（Shared Van）

拿到行李出关，在出境大厅外穿越行人通道后，把地址交给中间安全岛（橘色招牌下）的工作人员，他会为你安排前往该方向的车，有 Super Shuttle和Prime Time这两种选择。

Info

机场小巴士网站：
Super Shuttle http www.supershuttle.com
Prime Time http www.primetimeshuttle.com

校园安全守则提示

南加大并无特定的大门，但临街处都会有一到两个出入口，同时也会有停车场标志。除了几个有投币设施的停车场以外，停车均须在入口处的管理亭付费，否则会被罚好几倍的罚金。几个较大的停车楼都开放给外宾停车，可在入口处先向管理员询问。另外，洛杉矶的各个区域距离相当远，公共交通工具并不发达，除了公车外并无地铁。南加大的学生多半住在学校附近以自行车代步，远一点则大多是开车上下学。要注意的是公车在天色暗了之后以流浪汉搭乘居多。南加大校区的北边是市区中心和金融圈，南边区域治安不好，待在校区内是最安全的选择。

beautiful view

南加大8大美景

1. 卫德尼校友馆 Widney Alumni House
2. 多希尼纪念图书馆 Doheny Memorial Library
3. 波法礼堂 Bovard Auditorium
4. 翰广场Hahn Plaza、特洛伊铜像Tommy Trojan、特洛思德大道Trousdale Parkway
5. 创始公园 Founders Park
6. 影视艺术学院 School of Cinematic Arts
7. 护思哲学图书馆 Hoose Library of Philosophy
8. 历史会馆Heritage Hall、竞技场Los Angeles Memorial of Coliseum

纯白色干净亮丽的校友馆，从外表一点也看不出它见证了南加大百余年的历史。

南加大校园8大美景

Top 1 卫德尼校友馆 MAP:D5
Widney Alumni House

展览大道（Exposition Blvd.）上的2号门是南加大比较正式的大门之一，从这里进入校园有代客停车的服务，但是收费比自行停在其他停车场贵。在门口可以看到南加大的校徽，中间的三把火炬分别代表着艺术、科学及哲学。通过大门往前走，宽广道路的终点就是纯白色外观的卫德尼校友馆，为了纪念南加大第二任校长（Joseph P. Widney）而命名。

别瞧它小，它的历史得从1880年创校时算起，是全加州第二老的教室，仅次于加州大学伯克利分校的南馆。南加大的第一届毕业生就是在这里上课，之后学校慢慢扩建到现在的规模。卫德尼校友馆曾经搬了三次家，迁移整栋建筑物的费用一次大约是4万美元，但是因为对南加大校史有重要贡献，再加上它在1955年被加州政府列为历史地标，学校因此投入了许多经费在重建和维护上。卫德尼校友馆内部是典型的佐治亚、维多利亚式装潢，即使现在作为南加大校友会总部的办公室，优雅的古典风格还是从典雅的装饰中流露出来。

Info
- 9:00～17:00
- 一般游客不需门票皆可在1楼参观。

N
A
B
C
D
E
1
2
3
4
5
6
7
6 影视艺术学院School of Cinematic Arts
8 历史会馆Heritage Hall、竞技场
Los Angeles Memorial of Coliseum
5 创始公园Founders Park
3 波法礼堂Bovard Auditorium
4 翰广场Hahn Plaza、
特洛伊武士铜像Tommy Trojan、
特洛思德大道Trousdale Parkway
2 多希尼纪念图书馆
Doheny Memorial Library
1 卫德尼校友馆
Widney Alumni House
7 护思哲学图书馆
Hoose Library of Philosophy

南加大校园平面图

beautiful view

Top 2

多希尼纪念图书馆 MAP:D5
Doheny Memorial Library

从卫德尼校友馆出来后，延着柴尔兹小道（Childs Way）继续走，右手边会经过一栋古色古香的建筑，周围有棕榈树轻轻摇摆着枝叶的就是多希尼纪念图书馆，自1932年开放后就成为南加大最受学生喜爱的建筑物之一。多希尼纪念图书馆内部由好几个不同的收藏馆组成，藏书室包括东亚图书馆、戏剧图书馆、特别珍藏馆等，内部装潢宏伟，令人有置身于某欧洲教堂的错觉，一踏入就会不由自主地放轻脚步，轻声细语。同时，挑高且采光充足的阅览室也是学生最喜欢读书的地方，期中、期末考试时这里常常一位难求，因为来这里的学生都会自动自发地安静埋头于自己的功课，更使这里成为绝佳的读书场所。

看到这里，你也许会觉得它有点眼熟。多希尼纪念图书馆是校区最常被租借给片厂使用的场地之一，包括布鲁斯·威利斯主演的《热血警探4》，芮妮·齐薇格主演的《亿万未婚夫》等片，都曾在此拍摄。另外，韩剧《哈佛爱情故事》有许多两大男主角在学业上互相竞争的重头戏也是在馆内的图书室和外面的阶梯上完成。

Info

- 平日9:00～17:00
- 休 周末
- $ 游客不需门票皆可自由参观，但图书馆内禁止饮食

Top 3

波法礼堂 Bovard Auditorium MAP:D4

矗立在汤米雕像英姿背后的显眼建筑物就是波法礼堂，于1921年投入使用，是洛杉矶目前还在运营的几所老剧场之一，也是校内最古老的舞台。波法的命名是为了纪念南加大第一任校长（Marion M. Bovard）和第四任校长（George F. Bovard），这对兄弟为了使南加大成为“属于洛杉矶并且致力于解决城市种种问题”的大学而不遗余力。礼堂内可容纳1 235人，学校也在近年投资了千万美元整修剧场内部设施和声音品质，几乎每天都有不同的艺术团体在此演出。它同时也是南加大接待许多著名演讲者的场所，例如2004年民主党内总统候选人的辩论会便在此举行，由CNN名嘴拉里·金（Larry King）担任主持人。

Info

一般游客可在外面照相，剧场内部平日不对外开放

波法礼堂同时还有另一个身份：它经常扮演哈佛大学的各个学院。原来，许多导演和制作人都对波法礼堂的古典红砖式建筑情有独钟，常让它变身成哈佛大学，例如著名女星瑞丝·薇斯朋主演的《律政俏佳人》系列和韩剧《哈佛爱情故事》，都不约而同地把波法礼堂变成哈佛法学院。其他如汤姆·汉克斯主演的《阿甘正传》、流行剧集《反恐24小时》、《甜心俏佳人》等，都让波法礼堂成为观众熟悉又陌生的取景地点之一。

洛杉矶

U.S.C.

翰广场Hahn Plaza、特洛伊武士铜像Tommy Trojan、特洛思德大道Trousdale Parkway MAP:D4

Top 4

南加大校园好逛的优点此时便一览无余，因为从图书馆出来后基本上就来到了校园中心的翰广场。特洛思德大道是校园活动的中心，每个学期的头三天，全校的上百个社团会全体出动以招揽新社员。这里在白天总是有很多学生走动，因为它联结了学校好几栋主要的建筑物。

在翰广场上你会看到一个拿着盾牌和刀剑挺立着的武士，它却有个调皮的名字叫汤米。汤米武士是南加大的精神象征，代表着南加大努力不懈的精神，于1930年南加大50周年纪念日时由两位校友捐赠，不过却没有人清楚它可爱名字的由来。他线条分明的肌肉则是从上百位运动员的体态延伸而出，健壮的模样令许多人心仪。有趣的是，汤米武士由于是全美最著名的大学地标之一，他也常被南加大的宿敌泼油漆或者在深夜时溜进校区里在他身上涂鸦，手上的剑更因为被偷了好几次，学校干脆就把昂贵的铜剑改为木剑。

说起Trojan（特洛伊人），这是南加大人的昵称，源自于洛杉矶时报的体育记者在1912年比喻南加大运动员不屈不挠的精神，好似荷马史诗中进攻的特洛伊战士（fight on like Trojans），当时的校长之后也同意了这个名称。现在，校友及学生都会互相称呼对方为Trojan，在各个场合则会用“进攻！”（Fight on）来互相鼓励。

南加州大学
University of Southern California

创始公园Founders Park MAP:C4

Top 5

从波法礼堂出来后左转就可以看到绿意盎然的小公园，它便是为了纪念南加大几位创办人而建的创始公园。在创校的头40年，南加大的运营因为缺乏经费而相当艰难，但是现在众多院系的前身也是在当时奠定的。创始公园的后方就是南加大著名的传播学院、戏剧学院和音乐学院的系所，因此常有学生扛着摄影机穿梭赶往教室和下一个拍摄地点，或是看到未来的主播在此练习朗读，同时这里也常飘出悠扬的乐音。

创始公园最特别的地方是它在清晨时偶尔会有大雾覆盖整个区域，让它仿佛变成迷雾森林般的神秘，在偌大且皆是平地的校园里成为奇景。阳光普照的时候，创始公园里绿油油的草地更是野餐的好场所，因此学生常会带着三明治在此席地而坐，有时读书有时享受舒爽的微风。这里也常有恋人驻足，一同坐在树荫下度过浪漫的絮语时光。

beautiful view

洛杉矶

Top 6

影视艺术学院 MAP:C3

School of Cinematic Arts

南加大最著名的就是它在影剧界的表现。自从1929年奥斯卡金像奖创办以来，每年都有至少一位南加大的校友受到提名，说明了它在影视界的巨大影响力。影视艺术学院也是校友乐意捐款的院系之一，例如2006年由导演乔治·卢卡斯夫妇捐赠的17 500万美元，成了南加州为人乐道的话题。校园里也有以这些校友命名的教室和专业设施，例如“史蒂芬·史匹柏舞台”、“玛莎·卢卡斯后制片厂”等，学校的网站更是随时更新一长串著名影视工作者的校友名单。

影视艺术学院是校园里著名的梦工厂。能进南加大就读此专业的学生极为优秀，他们也相当努力，期待有一天自己的作品可以跃上荧幕。在这里，你可以看到学生们热烈地讨论各种不同的构想，脸上洋溢着梦想的光彩，成了校园另一道特别的风景。

Info

一般游客可自由参观，但是若有课程进行就不能进入；在院系外面，运气好就可看到学生进行拍摄

Top 7

护思哲学图书馆 MAP:E3

Hoose Library of Philosophy

护思哲学图书馆和整栋哲学系馆代表着南加大校徽中三把火炬中的哲学支柱，是建校以来历史最悠久的院系之一。它的藏书大约有5万册，收藏着西方哲学家的著作。不过，由于某些藏书已经有一定的历史，很多书籍都特别被收存在个别的藏书室里，学生若要查阅必须前1天先向图书馆员预订。护思哲学图书馆的回廊和廊柱都很漂亮，常有结婚的新人在此拍摄婚纱照。它的阅览室比起多希尼图书馆虽然小了许多，却别有一番风味，让人不禁悠然神往古人的哲思。这里适合喜欢静静沉淀自我的人。

Info

- 平日9:00～17:00，周末闭馆
- 一般游客不需门票皆可自由参观，但图书馆内禁止饮食

U.S.C.

Top 8 历史会馆Heritage Hall与 MAP:C3 竞技场Los Angeles Memorial Coliseum

除了在影视界的表现之外，南加大人最引以为傲的还有体育竞赛成绩。南加大以孕育奥运选手为荣，来自南加大的奥运选手比全球任何一所大学都多。自1904年以来，南加大的奥运选手每届都至少有一位夺得金牌，总计拿下112枚金牌、64枚银牌和58枚铜牌。假设南加大是一个奥运参赛国家，它的夺金纪录在全世界可排名第11。在全国大学体协(NCAA)竞赛方面，南加大在男子竞赛项目赢得过73个全美季赛冠军，排名第一，傲视群雄。各个球队的总部就设在历史会馆里，同时陈列逐年过关斩将的"丰功伟业"，例如冠军奖杯和全美大学最佳球员的球衣等。

竞技场就在出校区南边的地方，跨过展览大道（Exposition Blvd.）就可到达，是球赛进行的场地。比赛当天，有将近10万名校友和学生会涌进这里，为自己支持的球队加油呐喊。全美唯一出过两张白金唱片的南加大鼓号乐队也会在开场时表演，队形变化多端，很值得一看。美式足球赛是感受南加大人团结气氛的最好时机，虽然对UCLA的比赛一票难求（票价早被哄抬到数百美金），但是球季中对其他学校的赛事都可能有空位，游客在秋季旅行时不妨到位于Student Union的票务中心碰碰运气。

Info

历史会馆
9:00～19:00
一般游客可自由参观，多数奖杯都在一楼大厅陈列

竞技场
场地平日不开放，游客可在外面照相

让整个洛杉矶都热血沸腾的美式足球赛

美式足球赛季是美国大学的特色之一，也是各个学校展现团结气氛的重要活动。南加大在近年一直名列前茅，2003和2004年曾夺得全国冠军。这样的好成绩也树立了不少在体育场上的死敌，例如位于印第安纳州的圣母大学（University of Notre Dame）。每年的美式足球赛必定是场殊死战，双方球员背负着接下来一年让赢家大吹牛皮的义务（bragging rights），输了可是会被对方校友嘲弄整整一年。

俗话说一山不容二虎，同样的道理也可应用在大城市里的两所大学身上。南加大最大的宿敌毫无疑问是加州大学洛杉矶分校（UCLA）。一年一度的美式足球赛，在一个星期前就会有热身活动，两个学校都有各自的"誓师大会"，譬如在校园中心架起篝火，然后把对方的吉祥物丢到篝火堆里烧掉，会让气氛升到最高点。学生更会搭起帐篷，彻夜保护各自的精神象征。听起来很无厘头，但是不要怀疑，两所学校的"纪录"都不太好，汤米武士就被泼上蓝色（UCLA代表色）油漆好几次，校方也因此在比赛的数个星期前便会将汤米用胶带层层裹住。因为南加大和UCLA的校友都有绝大部分是在洛杉矶工作或是居住，这场赛事也会让整座城市沸腾起来，不仅仅在校内，连在职场上都继续较劲，两所大学间的君子之争也成为最受全美体育媒体关注的主题之一。

南加大周边吃喝玩乐

美食餐厅

南加大学校里的餐厅大多是连锁快餐店或者只卖简单的三明治。校区西边的菲格洛街（Figueroa Street）上有不少步行可到达的餐厅，提供的大多是快餐。菲格洛街和37街交会口有一长串餐厅，颇受学生喜爱。

若是开车旅游，南加大附近好吃的餐厅就多了。从菲格洛街往北走会经过市区，路上就有很多装潢高雅的餐厅，通常也有代客停车的服务。走到2街时右转通过隧道，大约10分钟后就会看到小东京（Little Tokyo），有很多日本料理可以选择。

从校园东边的佛蒙特街（Vermont Avenue）出发，同样往北开大约20分钟车程，就会抵达洛杉矶著名的韩国城。洛杉矶有许多韩国移民，也因此韩式料理相当地道。有趣的是，很多韩国餐厅的主要客源几乎都是韩国人，有些甚至连英文的菜单也没有，游客倒是可以抱着探险的心情体验一下韩式风情。

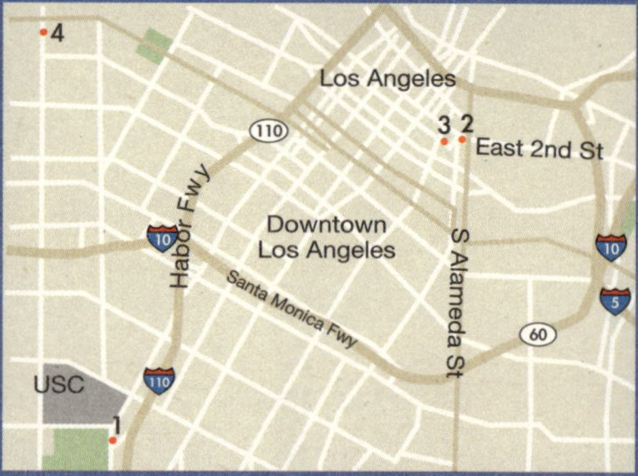

洛杉矶

1 Chipotle 墨西哥餐厅

➡ 3748 South Figueroa St. Los Angeles, CA
☎ 213-765-9068
http www.chipotle.com

薄饼（Taco）和卷饼（Burrito）都相当美味。廉价的美食餐厅，主菜加饮料约$8。

一长串的连锁餐馆有各种不同的料理，价格便宜，深受学生喜爱。

2 Sushi Komasa 小政寿司店

➡ 351 East 2nd St., Los Angeles, CA
☎ 213-680-1792
http elittletokyo.com/En/ppage/jrestaurant/sushi/komasa
休 周一

最推荐一家名叫小政的寿司店，价格在消费昂贵的洛杉矶属于中等，但是它的生鱼片和寿司都相当新鲜。拥有35年历史，来自北海道的师傅经营小政已经有15年，是间家庭式的小店，但总是门庭若市。不过，小政只在晚上才营业。属于中等价位的日本料理，日式定食1份约$15，生鱼片盖饭也是$10以上。单点寿司1份两个单价$3～6不等。

3 Pinkberry 优格冰激凌连锁店

➡ 332 East 2nd St., Los Angeles, CA
☎ 213-621-7645
http www.pinkberry.com

号称低卡路里的健康甜点，近年在南加州大为流行，旅客也可以去尝尝鲜。甜点从$2起，加越多料越贵，平均在$5左右。

4 Kobawoo House 韩式料理

➡ 698 South Vermont Avenue Los Angeles, CA（与7街交会口）
☎ 213-389-7300

每道菜都好吃，尤其是一道名叫Bosam的韩式猪肉卷更会让你吃得大呼过瘾，是必点的招牌菜。一道菜价格大约$12，餐前会附很多韩式小菜。周一到周四中午有特惠午餐，一个人大约$12即可吃得相当饱。

玩乐在南加大

想要购买南加大的纪念品，学校的书店就提供琳琅满目的选择。这归功于校友对学校的热情，各种衣食住行用品一应俱全，书店2楼摆满学校代表色红和金黄色系商品，有许多小东西可以买回家留作纪念。最有趣的就是美式足球赛加油系列，从拉拉队手上拿的彩球到小朋友尺寸的球衣都让人爱不释手。

校区之外，北边的金融商圈、韩国城、小东京都可以去走一走，车程都在20分钟以内。另外值得一提的是，喜欢美国职篮的游客，洛杉矶湖人队和快艇队的主场Staples Center离校区很近，在赛季时几乎天天都有比赛，即使是临时起兴，去球场外的票务亭询问大多也都有球赛可看，球迷可以去现场过过瘾。

↓可爱的小熊穿上了美式足球员的夹克。

↑所有加油用品一应俱全，也不难看出南加大人的团结和对参与学校活动的热情。

←洛杉矶湖人队和快艇队的球场。

帕萨迪纳

加州理工学院

California Institute of Technology，简称Caltech

作者：苏柏青

加州理工学院电机博士，2008年毕业。

2003年赴美国加州理工学院攻读博士学位，专攻通信系统之信号处理。

本校在许多科学及工程领域都是出类拔萃的，

希望借着以下的文字让读者您能对本校有更深一层的认识。

California Institute of Technology
State of California, United States of America (USA)

Caltech

城　市：帕萨迪纳市（Pasadena），位于洛杉矶市中心东北方向约16公里
州：加利福尼亚州（California）
吉祥物：河狸（Beavers）
代表色：橘色
加州理工学院中国同学会：
www.its.caltech.edu/~chinese

帕萨迪纳 & 加州理工学院

帕萨迪纳市位于圣盖博谷（San Gabriel Valley）的北端，圣盖博山脉的山脚，原本为印第安原住民族Hahamogna的居住地。温和的气候条件加之富含金矿，吸引了许多来自美国中部及东部的移民。帕萨迪纳为印第安Chippewa族语，意为“谷中之冠”（Crown of the Valley），象征圣盖博谷中最早开发的地区。接下来的10年间外地移民不断涌入，而1885年9月通往洛杉矶的铁路开通更推动了这一趋势。20世纪70年代，城市建设局在市区改建计划中原本要将老城拆除重建，但保存古迹的意识终于抬头，将老帕萨迪纳（Old Pasadena）从被拆除的命运中救了回来。20世纪八九十年代，城市建设致力于让老帕萨迪纳（Old Pasadena）重焕光彩，1991年落成启用的Colorado One广场，便是个极佳的例子。

今日的帕萨迪纳在洛杉矶郡88个城市中人口排名第七，仍是南加州赫赫有名的大城之一。除拥有都会区优异的生活机能之外，又同时具备其他大城望尘莫及的良好治安及友善气氛，称得上是南加州最适合居住的城市。市区除了以Lake Avenue为中心的金融商业区之外，鲜有超过5层楼的建筑(本校的密立根图书馆是个例外)。现在，就让我们从Caltech出发走向Old Pasadena吧！

学校简介

加州理工学院初期简称为CIT，但现今不论是学校网站还是学校师生日常对话都是以Caltech自称。加州理工学院占地1.24公顷，是一所仅有约900名大学生及1200名研究生的“小型大学”，却是在许多科学领域傲视全球的研究型的学校。

加州理工学院是所私立大学，与加州公立系统的加州大学（University of California）及加州州立大学（California State University）没有关联。

跟许多西岸学校一样，加州理工学院的校史并不长。整个学校的成立与发展与南加州的开发及繁荣有着密切的关系。本校成立于1891年，是帕萨迪纳当地富豪阿莫斯·色罗珀（Amos G. Throop）所创立的社区职业专科学校。而后易名为Throop Polytechnic Institute，学校重点放在各项职业训练。是个从小学、中学、大专兼备的“完全”学校，却在1907年有了重大的政策变化：校方决定专注在大学及科技研究方向，因此将中学以下的部门独立出来，成为现址在Caltech西南方的Polytechnic School。同年，天文学家海耳（George E. Hale）加入了Throop Polytechnic的董事会。

海耳在麻省理工就读时便发现了太阳表面的涡流及太阳黑子的磁场，是位著名的天文学家。海耳的加入为色罗珀的变革播下了第一颗种子。在海耳的积极游说之下，1913年知名化学家、前麻省理工学院校长诺耶斯（Arthur A. Noyes）加入成为兼职教授。1917年时更聘请到颇负盛名的物理学家密立根（Robert A. Millikan）主持学校的物理学研究。到此时，海耳、诺耶斯、密立根这组“三巨头”就位，学校改制为专业研究型大学的趋势已如箭在弦上随时待发。1920年，校方董事会正式通过决定更名为加州理工学院。

贝克曼学会。

加州理工学院初露锋芒

本校第一任校长为密立根，在与海耳和诺耶斯的亲密合作之下，加州理工很快地就在科学研究领域崭露锋芒。密立根本人就凭着发现电子电量为1.6 x10^{-19}库仑的著名的"油滴实验"，于1923年获得诺贝尔物理学奖。史上唯一同时独获两个不同奖项的化学家鲍林（Linus Pauling，1954年化学奖及1962年和平奖）即是20世纪20年代在本校获得博士学位。1928年，Caltech的生物学学院正式成立，聘请了有现代遗传学之父之称的摩尔根（Thomas H. Morgan）主持。摩尔根因确立染色体是基因的载体，于1933年获得诺贝尔生物医学奖。

Caltech致力于尖端科学研究的努力与成绩，很快就受到学术界的肯定。1931年，爱因斯坦（Albert Einstein）第一次以访问学者的身份来到Caltech。他于此后的两年中分别再度来访，并针对他的广义相对论与Caltech的科学家交换意见。

地震频繁也使得南加州成为地震学研究的重镇。20世纪20年代地震学家伍德（Harry O. Wood）找了校长密立根的学生芮希特（Charles F. Richter）加入加州理工学院地震实验室。芮希特发展以自然对数（logarithm）为基础的公式以测量计算南加州大大小小的地震。日后这个公式被广泛应用于全世界并沿用至今，成为大家耳熟能详的里氏地震规模（Richter magnitude scale）。

航空工程及物理学家冯卡曼（Theodore von Karman）在20世纪30年代致力发展现代航空技术。冯卡曼及其学生们的实验与研究最后的结果就是喷射推进实验室（Jet Propulsion Laboratory，简称JPL）于1944年的成立。冯卡曼即为"中国导弹之父"钱学森在加州理工学院求学时的论文指导教授。

物理系系馆。

学校声望&杰出校友

酸碱值测量仪的发明者：
（Arnold Beckman）阿诺德·贝克曼

英特尔（Intel）的创始人兼副总裁：
戈登·摩尔（Gorden Moore）

鸡尾酒疗法发明者：何大一（David Ho）

1935年校友贝克曼（Arnold O. Beckman）发明了第一个酸碱值测量仪（pH meter）。贝克曼仪器公司（Beckman Instruments Inc.）因此成为世界领先的科学及医疗仪器制造商。今日校园的许多重要建筑，包括生物系馆（Beckman Institute）及圆形戏剧院（Beckman Auditorium）都以贝克曼为名。

20世纪50年代的名人校友是英特尔的共同创办人兼副总裁戈登·摩尔（Gorden Moore）。著名的"摩尔定律"，即是摩尔在1965年提出的预测。摩尔本人庞大的资产也成为母校资金来源的重要贡献之一。2001年摩尔偕夫人共同捐赠母校6亿美元，创下了向学术机构单笔捐款的最高纪录。

20世纪70年代Caltech的毕业校友中，以鸡尾酒疗法闻名并被1996年《时代》杂志选为年度风云人物的何大一（David Ho）应是最有名气的一位。

战后发展

1950年，著名的物理学家理查德·费曼（Richard Feynman）加入加州理工学院教职行列。费曼不但在学术研究上有卓越贡献，1965年因他在量子电动力学（Quantum electrodynamics）的成就获得诺贝尔物理学奖。20世纪60年代初期，他还以学校最著名的物理学家身份，重新设计并教授了物理学的课程，今日的《费曼物理学》（*Feynman Lectures on Physics*）即是以当年的课程及录音为基础编写的。而《别闹了，费曼先生》与《你管别人怎么想》等畅销作品也许更为一般大众所熟知。直至今日，当你走入Caltech Bookstore，在纪念品区一定可以看到大量关于费曼的海报、书籍等。

20世纪60年代美国与苏联间的太空竞赛让Caltech及其所管理的JPL一直都是全国关注的焦点。同一时期,许多新的领域不断进入Caltech的研究。在第二任校长杜布里吉（Lee A. DuBridge）1969年卸任时，Caltech的教授数目已经是他到任时的两倍。20世纪70年代以后校方的研究也愈来愈重视生物学的发展。从1997年第七任校长由诺贝尔医学奖得主巴尔的摩（David Baltimore）担任可见一斑。

贝克曼学会。

物理系系馆。

人文学院系馆。

新世纪的展望

近年的加州理工学院，除了2004年及2005年两位现职教授分别获得诺贝尔物理学及化学奖之外，天文学家迈克·布朗（Mike Brown）于2003年发现了阋神星（Eris），将冥王星从太阳系行星之列剔除，更新了既有的定义。而由JPL主导的登陆火星计划，于2004年成功地将两艘无人载具（rover）勇气号（Spirit）及机会号（Opportunity）送上火星表面，并持续地将在火星表面发现的资料传送回地球。

2006年巴尔的摩卸任，新上任的校长为沙梅欧（Jean-Lou Chameau），继续带领Caltech开创未来。一个世纪历史的加州理工学院证实了“麻雀虽小五脏俱全”的格言。到2007年，Caltech的教授或毕业校友中，已经有31位诺贝尔奖得主，共获得32个奖项。未来在这片狭小的土地上还会发生什么样改变人类历史的故事呢？且让我们拭目以待。

贝克曼学会。

Caltech VS. MIT校际对抗

这里不得不提一段关于Caltech与MIT（麻省理式学院）两所学校学生间的恩怨。学生宿舍Fleming House前面矗立着一门普法战争时代遗留下来的加农炮。这门大炮在每学期期末考之后都会鸣放空炮以示庆祝。2006年春，在Fleming House整修期间，却发生了大炮被不知名人士以宿舍整修必须暂时移开的理由搬走的情况，随后便不见踪影。一星期后，在报纸的大力报道下，大炮完好如初地出现在东岸麻省理工学院的校园里，炮口朝向西南方直指遥远的帕萨迪纳。Caltech师生这才知道原来这是MIT学生恶作剧的结果。几周之后，二十余名Fleming House的大学部学生自费飞往MIT，这门大炮才得以完璧归赵。

这两大理工学院学生之间的恶作剧（prank）由来已久。这次偷窃加农炮的行动被视为MIT学生对于一年前（2005年）Caltech学生跑到东岸假扮MIT学生、在MIT新生训练期间向新生出售正面为MIT背面却写着“because not everybody can get to Caltech”的T恤一事的报复行动，这件假的MIT的T恤在Caltech校园可是畅销商品呢！

偷窃加农炮的事件发生后，整个Caltech的校园充斥着浓浓的复仇气氛，Caltech Bookstore以复仇之名开始大量销售假MIT的T恤以筹措“复仇基金”。类似这样的两校学生互搞恶作剧的情况在美国许多学校乃是常态。究竟筹措到复仇基金的Fleming House学生们下一步会怎么对MIT展开报复行动呢？就让我们拭目以待吧。

就是这座加农炮曾被MIT偷走。

如何到达加州理工学院

如何到达加州理工学院

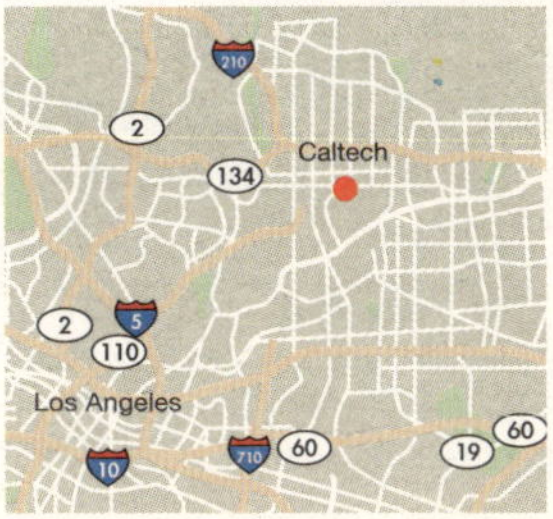

洛杉矶国际机场（LAX）距离加州理工学院45公里，约40分钟车程，是距离学校最近的国际机场。如果是从美国其他地区前往加州理工学院，也可选择距离29公里，25分钟车程的Burbank机场（BUR）。

方法1 接驳车

在LAX或BUR机场都可以搭乘Super Shuttle前往加州理工学院指定的4个停车点的任意一个。在机场搭乘Super Shuttle时，服务人员会安排你搭上前往帕萨迪纳的车子。另外也有人选择搭乘Prime Time或其他的接驳车服务。

费用：从LAX到加州理工学院接驳车费用是$25（费用时有变动）。这不包含给司机$3～5的小费。要特别注意的是，上车后，一定要跟司机说明你要前往加州理工学院，因为前往帕萨迪纳其他地点的费用还要再多出$6。

方法2 自行开车

从LAX机场进入I-105东行，再转I-110向北（经过洛杉矶市区后则为CA-110）一直走到高速公路的尽头即到达帕萨迪纳市区。下高速公路经2个路口后于California Blvd.右转再行驶1.6公里即可到达加州理工学院校园。若是从Burbank机场，可上I-5转CA-134/I-210，于Lake Ave下高速公路。

方法3 大众运输

洛杉矶地区是个以大众运输非常不方便而闻名的都会区，虽然有Metro Rail与Metro Bus系统，但发车频率与所需换车次数，往往得让你花上很长的时间。除非是经费非常拮据，否则笔者并不建议使用这种方式。大部分使用大众运输前往加州理工学院的人先从机场搭乘Flyaway shuttle（$4）到达洛杉矶市区的Union Station，再转搭Metro Rail金线（Gold Line）前往帕萨迪纳（$1.25），于Lake Ave. Station下车。虽然从Lake Ave. Station前往加州理工学院也有公车（177号，$1.25）可以搭乘，但因其发车频率很低，笔者建议不妨花20分钟直接走到校园吧！

beautiful view

加州理工学院校园美景

1. 贝克曼表演厅
Beckman Auditorium
2. 密立根图书馆
Robert Andrew Millikan Memorial
3. 雅典娜学术联谊会
Athenaeum
4. 橄榄步道The Olive Walk
和温尼特学生活动中心
Winnett Student Center
5.电机与信息系馆
Moore Laboratory

加州理工学院校园美景导览

加州理工学院是个小学校，步行参观学校大约只要30分钟就可以看完了，学校的系馆一般在平常日白天的时间都是不上锁的，后文特别介绍几个别具特色的系馆，笔者建议不妨到各个系馆里走走，感受一下理工学术殿堂里不同学科学术研究的气氛。现在，就让我们拿起地图，实地走访校园吧！

Top 1 贝克曼表演厅
Beckman Auditorium MAP:C3

位于本校地理位置中心的贝克曼表演厅堪称本校的第一地标。这幢由著名建筑师史东（Edward D. Stone）设计，圆形尖顶为建筑特征，落成于60年代的建筑，每年都会成为不同的演讲、音乐会、舞展的场地，吸引大洛杉矶地区各地的观众前来观赏。学校师生常有人戏称这里是“结婚蛋糕”（the Wedding Cake），室外的一颗颗的装饰乃是原子的象征。这里是来访者必看的第一景点，建议游客走上楼绕着圆顶走走。

表演厅南面的草坪，则是每年夏天一年一度的毕业典礼举行的地方，毕业生坐着面对搭在表演厅前方的临时讲台，由校长亲自颁发毕业证书。

从草坪的尽头回过头来拍摄贝克曼表演厅是个绝佳的入镜角度。

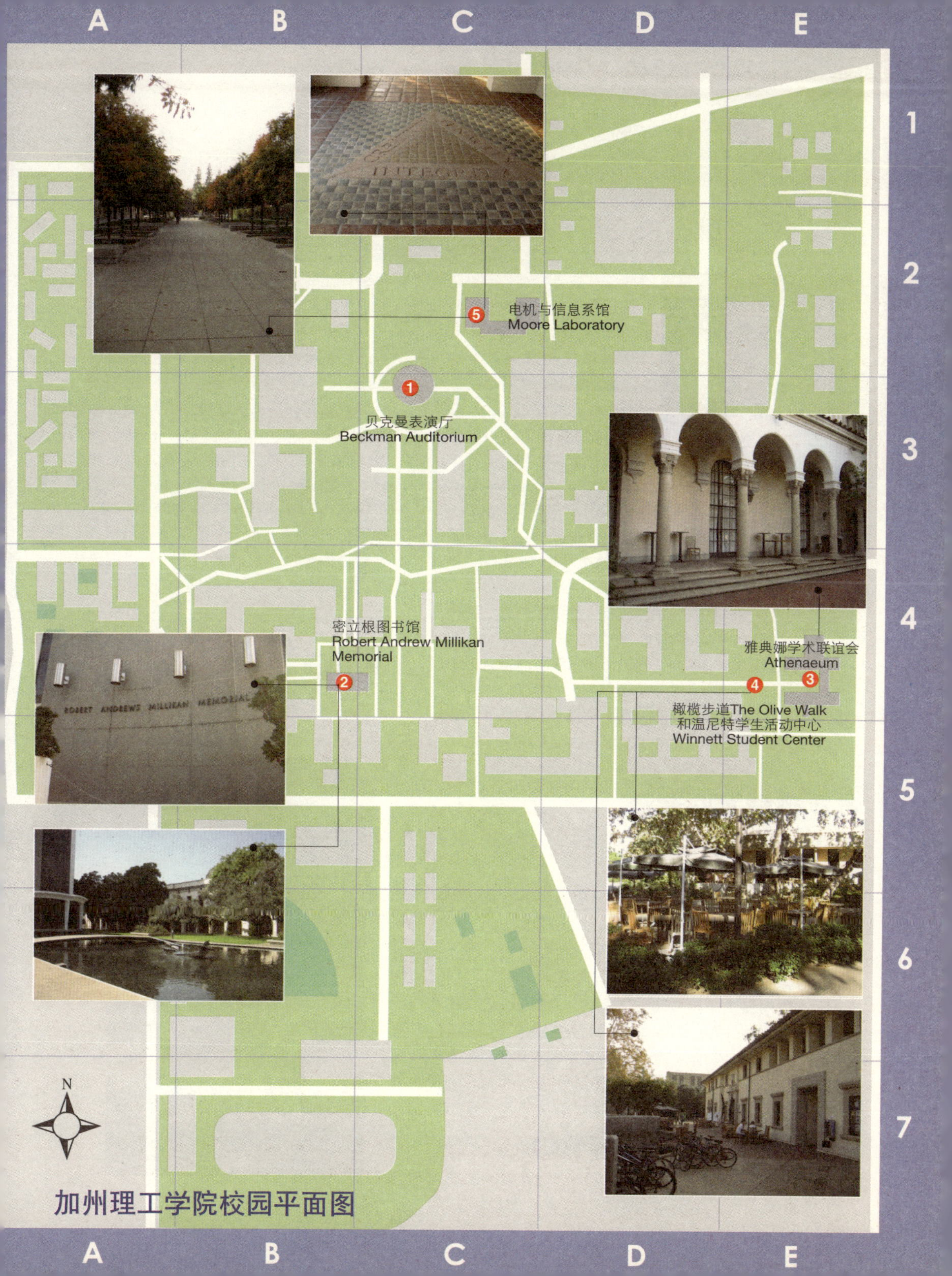

加州理工学院校园平面图

Top 2

密立根图书馆 MAP:B4
Robert Andrew Millikan Memorial

耸立在校园西南侧，9层楼高的密立根图书馆，乃是校园里的最高建筑。这栋落成于1967年，以创校校长命名的图书馆（Robert Andrew Millikan Memorial），是来本校游玩另一个不可错过的景点。大家不妨登上密立根的顶楼，电梯开门后往右看，帕萨迪纳市的景观一览无余。远方的圣盖博山脉（San Gabriel Mountain）巍然耸立，当年海耳建设的威尔逊山天文台（Mt Wilson Observatory）也在此山中。转过身从另外一侧的窗户往南看，近处可看到学校的体育场，远望则整个圣盖博谷一览无余。

回到楼下，图书馆旁边有个水池，被称作Water Forms 1991，此乃当地艺术家乔治·贝克（George Baker）为加州理工学院庆祝建校百年所设计建造。池中有一状似时针的艺术品，当它喷水的时候，景色极佳。水池另一边的回廊中可以看到创校三巨头海耳、密立根及诺耶斯的半身青铜雕像。如果你注意密立根的鼻子，可以看到它很亮。这是因为历年来学生们都会在考试前摸摸他的鼻子以求好运。密立根在学生心目中的地位可见一斑。

沿着Water Forms 1991的水流向下游的方向走，这里有个小桥流水、池塘环绕的花园。它其实是Caltech校园史上第一栋建筑物的遗址，第一栋建筑物在1971年遭受里氏6.6级的圣费尔南多大地震（San Fernando Earthquake）后严重受损，最后被拆除。为了纪念，现址改建为史洛普纪念花园，庭园中小桥流水，颇有一番风味，值得一游。造景中所用的石头却有另一番学问。这些都是Caltech的地质学家从帕萨迪纳市北方的圣盖博山脉挑选后运来的上千万年前形成的岩石，并依照生成年代在庭园中排列。

Info

平日19:00以前，图书馆都开放给一般民众参观

Top 3

雅典娜学术联谊会
Athenaeum MAP:E4

位于学校东南角的雅典娜学术联谊会是加州理工学院的学术联谊会。这幢由建筑师考夫曼（Gordon Kaufmann）设计，落成于1930年的建筑，乃是仿照英国牛津及剑桥大学学术联谊会设计而成。建设雅典娜学术联谊会的经费来自1929年鲍尔奇夫妇以股票形式的捐款。加州理工学院校方在当年华尔街股市崩盘前售出股票筹得50万美元的经费。这座具有地中海风格的建筑，一直是校内学术文化及社交场合的中心。虽然雅典娜学术联谊会在1930年便落成启用，第一次的官方正式晚宴却一直延迟到1931年爱因斯坦来访的时候。爱因斯坦当年居住的套房，现在已经被冠上他的名字。

Info

一般游客可以参观，不需要门票

Top 4

MAP:E4

橄榄步道The Olive Walk和温尼特学生活动中心Winnett Student Center

接着就进入校园中最具历史的橄榄步道。这个以两旁橄榄树命名的步道，延续着雅典娜学术联谊会的地中海式风格，周边的4幢建筑物也是由考夫曼设计。大部分大学部的宿舍都集中在这附近。也因此，橄榄步道多年来一直都是校园学生活动的中心。整个校园一共有大约130棵橄榄树。近年来，由一群学生与学校职员所发起的采收橄榄制作橄榄油的运动开始展开，第一届的橄榄丰年祭(Olive Walk Harvest Festival)在2007年11月举行。

沿着橄榄步道向西快走到尽头时，出现在右前方的两层楼建筑即是温尼特学生活动中心。这栋落成于1962年的建筑是许多学生活动的地点。要购买纪念品的朋友可以到书店参观，走累了的朋友不妨到红门咖啡厅(Red DoorCafé)坐下来喝杯咖啡。斜对面的钱德勒餐厅(Chandler Dining Hall)是许多学校师生平日用餐的地方。

Top 5

电机与信息系馆 Moore Laboratory

MAP:C2

在贝克曼表演厅以北及以东的区域则是电机与信息系使用的建筑物。其中最新的建筑应该就是企业家摩尔捐助兴建的Moore Laboratory。而为了感谢和纪念摩尔在21世纪初对母校的巨额捐款，Moore Laboratory以及Broad Center北侧的步道，也被命名为摩尔步道（Moore Walk）。这条步道在2002年以前还是市府管辖的道路（Luna St.），而现在已归校园所有，起点处清楚地刻着摩尔步道是在2002年10月落成。

Broad Center旁的Broad Café，则是红门咖啡厅之外另一家校内著名的饮食店。而在摩尔步道的另一侧，则是1996年新建成的学生宿舍Avery House。Avery House的玄关处标示着一个三角形的精神标志，分别以“C”、“I”、“T”3个字母开头代表创意（Creativity）、人格（Integrity）、毅力（Tenacity）作为舍训。

yummy food

加州理工学院周边吃喝玩乐

美食餐厅

以fair oaks与colorado blvd.交叉口为中心的Pasadena Old Town有数不完的各国料理美食餐厅，是一个非常值得“探索”的去处，由于篇幅限制，只能举几家进行介绍。以下介绍几家校园附近交通方便，又受到同学喜爱的餐厅。若游客有机会到帕萨迪纳，不妨也来品味一下学生风味的平价美食哟。

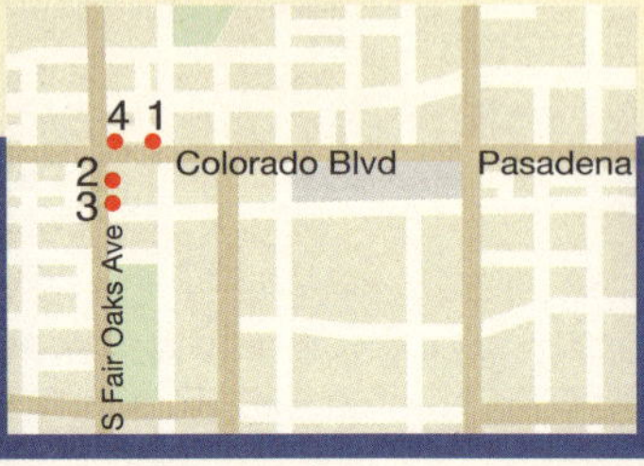

1 Mi Piace 意大利餐厅

25 E Colorado Blvd.

气氛与装潢都很不错的意大利餐厅。从外表来看以为一定要花个$20以上的餐厅，但最后每个人都只需付$10上下就能吃得饱饱的快乐而归。

2 Kansai日本料理

36 S Fair Oaks Ave.

典型的日本料理店，从门口的食物模型就可以选择想吃的料理了。拉面、乌龙面、定食、荞麦面等典型日本料理都有。装潢气氛还不错，位置也许不宽敞但是温暖舒适，适合三五好友聚餐，价位约每人$10～20。

3 City Thai泰式餐厅

48 S Fair Oaks Ave.

这是一家物美价廉的餐厅。也许因为地点离Colorado Blvd.稍远，人潮不如Old Town其他店来得多，但却是笔者认为这是应该要好好推荐的餐厅。

4 Cheesecake Factory美式餐厅

2 W Colorado Blvd.

非常著名的连锁店，以其起司蛋糕闻名。如果要坐下来用餐的话，要注意他们是不发号码牌，必须要站着排队的。高峰时段时，常常可以见到排队的人一直排到店外，常常要等候半小时左右。

圣盖博谷

如果你是开车旅游的话，行动的范围可以再放大到整个圣盖博谷地区。帕萨迪纳是圣盖博谷最早都市化的地区，而其他都市化较晚的地区，包括东边的阿凯迪亚市（Arcadia）、天普市（Temple City），南边的圣马利诺（San Marino）、圣盖博（San Gabriel）、阿罕布拉（Alhambra）、蒙特利公园（Monterey Park）、柔似蜜（Rosemead）等地都是华人高度聚集的地方。根据2000年的人口统计，上述城市都有38%～60%的亚裔人口（帕萨迪纳则不到10%）。如果你在旅途中怀念家乡食物，或者沿路讲英文讲累了，也可以到此一游。

本地盛事

玫瑰花车游行Tournament of Roses Parade

帕萨迪纳素有玫瑰之都的称号，以玫瑰为主题的游行百余来年成为帕萨迪纳最为世人津津乐道的特色。走在Colorado Blud.上，就不能不提每年1月1日在这条大道上举行的玫瑰花车游行，这可是南加州甚至全美民众的年度盛事。

游行起点是Orange Grove Blvd.，终点是Sierra Madre Blvd，全长约9公里。1月1日当天早上8时许，大约60～70个以玫瑰装饰，来自当地以及全球各地的游行队伍，开始依序出现。游行队伍中有各式各样的花车、乐仪队表演等，每队都是出尽奇招要吸引两旁及电视机前观众的注意。

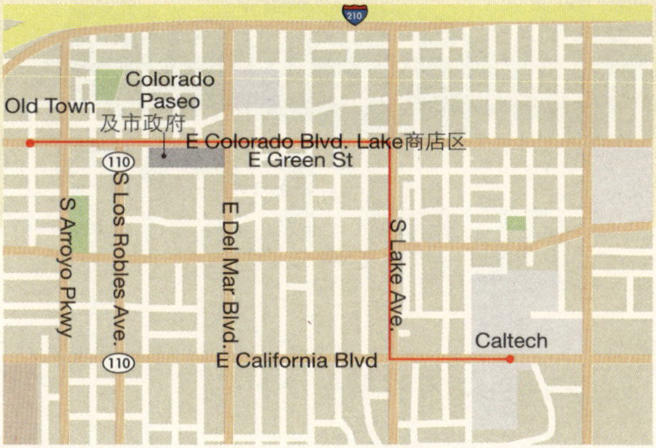

帕萨迪纳市区徒步之旅

逛完校园以后，如果还有几小时的余暇，不妨到校外走走，感受一下这座城市的气氛。我建议的路线，是沿着Lake Ave.往北走，在Colorado Blvd.左转，一路走到Old Town Pasadena。回程可以沿着Green St.走回来，或者就近在Memorial Park的捷运金线车站（Metro Gold Line）搭车往洛杉矶或其他地区。这条步行约3公里半的路线，途中会经过许多Pasadena值得一看的区域。南加州舒适的天气，与Pasadena堪称良好的治安，使得在市区步行成为非常愉快的事。

Lake Ave.从California Blvd.到Green St.的区段被称为South Lake Avenue District，是个商店云集的区域。以Macy's百货为中心，各式各样的商家及餐饮店林立，是个适合逛街购物及休憩的好地方。继续往前走到Colorado Blvd.，就进入繁忙的金融商业区。在Colorado上左转，很快就进入Playhouse District。这里保有许多20世纪二三十年代的建筑，戏剧、舞蹈等各式表演艺术的戏院林立，别具风情。

穿过Los Robles Ave.之后，左手边的Paseo Colorado广场是不可错过的地方。这里有电影院和许多商店及高级餐厅，是个气氛很棒的商城。穿出这个商场过了Green St.便是会议中心(Pasadena Convention Center)及文化中心（Civic Auditorium）。如果往反方向走，过了Colorado Blvd.后沿着Garfield Ave.前行，很快就会来到市府广场。市府大楼落成于1927年，和旧金山市府出自同组设计师之手，是南加州少见的地中海风格的建筑。

继续沿着Colorado Blvd.往前走，过了Arroyo Pkwy后便来到Old Pasadena。Old Pasadena以Colorado One广场最具特色，保留了百余年的古典建筑，让人仿佛置身于19世纪末期。广场内餐厅、剧院、商店都经特别安排。周末的夏夜里常常会有现场音乐表演或者放映室外电影的活动。大家很容易就可以找家气氛好的餐厅用餐。如果是夏秋之际日照较长的时间，餐后趁着日照的余光，趁着清凉的晚风，悠闲地在这城市中最古色古香的街巷中漫步，是最宜人不过的了。

玫瑰杯季后赛Rose Bowl Game

如果你是美式足球迷的话，元旦当天（或稍后几天）所举行的玫瑰杯季后赛则延续了玫瑰花车游行的高潮。第一届的玫瑰花车游行可以追溯到1890年。当年的动机是早期从美东及美中来的移民为了炫耀在冬天时仍然温暖和煦的南加气候。虽然季后赛只举行一天，但厮杀的队伍是全美大学足球队中较优秀的两队，并会和各地的季后赛起结算成绩，入场观众有机会目睹年度总冠军的诞生。

拉荷亚

加州大学圣地亚哥分校

University of California,San Diego，简称UCSD

生物工程系博士。

曾在美国旧金山、北卡三角科技园（Research Triangle Park）等大学城住过，并在圣地亚哥留学六年。

喜爱游山玩水，且总会收集资料、做周详的计划，好拿出来与大家分享。

作者：陈映嘉

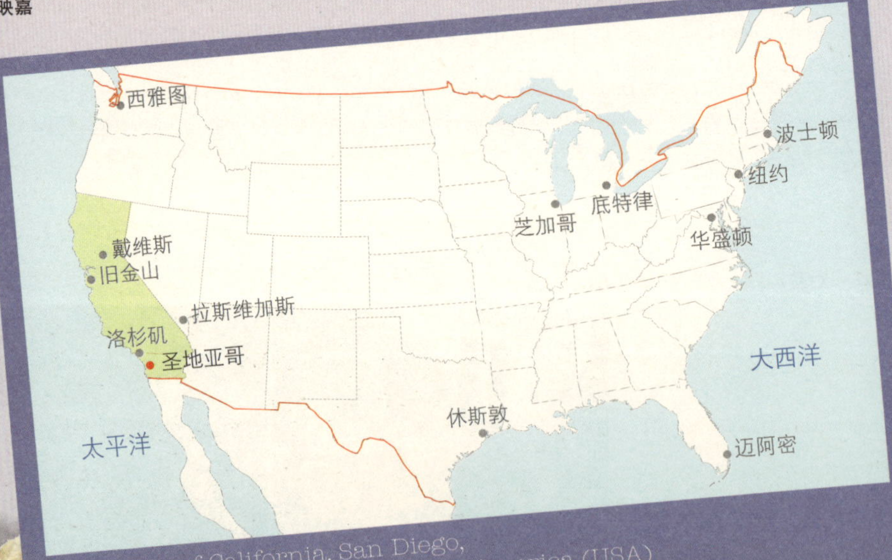

University of California, San Diego,
State of California. United States of America (USA)

U.C.S.D.

城　市：圣地亚哥北边的拉荷亚（La Jolla）
州：加利福尼亚发州（California）
吉祥物：人身鱼尾的海神“崔坦”（Triton）
代表色：蓝色、金色
学校官方网站：www.ucsd.edu/portal/site/ucsd

La Jolla & UCSD

拉荷亚 & 加州大学圣地亚哥分校

加州大学圣地亚哥分校建于20世纪60年代，属于加州大学系统之一，是一所研究型大学。

本校不同于美国大多数的大学，医学院就在校本部里面。这个方案使得加大圣地亚哥分校的医学院得以与其他领域有密切的合作而蓬勃发展，因而带动校内与地方上生物医学领域的发展。近些年，围绕校园的地区更发展出多家生物科技公司，这些公司多半为学校研究进行技术转移的成果，使得圣地亚哥地区与旧金山湾区的硅谷与波士顿地区并列为美国生物科技的三大金三角地区。

彻咖啡店（ché café）是校园自由派施展理想的艺术空间。

学校简介

加州大学圣地亚哥分校是所新兴的学校，其前身是位于拉荷亚的斯克利普斯海洋学院（Scripps Institute of Oceanography）。1903年加州大学伯克利分校动物系教授威廉·利特（William Ritter）将美国西岸的海洋研究中心设在拉荷亚海滩。第二次世界大战后，美国科技腾飞，加州大学于是计划在此地建设以科技与工程为主的大学，而这项计划不久后便转变为一所完整的大学，成为今日的加大圣地亚哥分校。

建校不久，加大圣地亚哥分校就将地方医院收为教学医院，并成立医学院。当时的生物系系主任大卫·邦纳（David Bonner）提出医学院应该设在校总区内，方便医学院学生与校区内其他物质科学科系的教授有所联系，孕育跨领域的研究。

学校特色

加大圣地亚哥分校承袭了英国牛津与剑桥大学的学院制度。大一新生除了主修系所外，还有各自所属的学院，而六个学院皆有各自的教学及生活辅导单位，为了使学生在广大的校园里能与教授有较密切的互动，也能较有归属感，每个学院的通识课程都根据其中心精神来设计，也各自有各自的宿舍和活动。

加大圣地亚哥分校不颁发体育保送的奖学金，也没有美式足球队，但是有非常好的水球队，其中1995毕业的校友Julie Swain曾担任美国女子水球国家代表队队长，并带队在2000年悉尼奥运会夺得银牌。因为体育不兴盛，学校最热闹的时候与体育竞赛并没有关系，而是五月底的太阳神鸟节，以及一项“丢西瓜”的传统。丢西瓜活动起源于1965年物理课的期末考题问到“当西瓜从7楼坠落，最远的碎片会落在哪里？”于是学生便将西瓜由系管顶楼丢下来以测量碎片弹开的距离。这一活动日后便成为一项传统，每年选出西瓜皇后，由皇后将西瓜自楼顶丢下。

U.C.S.D.

价格中心前的图书馆小道（library walk）是下课时最热闹的一条路。

学校声望&杰出校友

苹果电脑全球副总裁：盖伊·特里布尔（Guy Tribble）

摇滚贝司吉他手：Nathan East

加州参议员：Steve Peace

完成人类基因体定序的生物学家：克雷格·文特尔（Craig Venter）

加大圣地亚哥分校除了海洋学特别出名外，也是生物医学领域学生的最佳选择，有数个科系均在生物医学领域排名前20，并且紧邻着3个世界著名的生物医学研究中心：斯克利普斯研究所（The Scripps Research Institute）、萨克研究所（Salk Institute）及伯纳姆研究所（Burnham Institute for Biomedical Research）。除了生物医学领域外，工学院的名望也相当高，其中由“生物力学之父”冯元桢教授所创的生物工程系在全美排名第二，而电信领域也因为美国电信大厂高通(Qualcomm)的总部位于此地而成为重点领域，为学生提供了许多实习题目以及就业机会。此外，跨领域方面，加大圣地亚哥分校的神经科学系和认知科学系也在全美数一数二。

加大圣地亚哥分校出过9位诺贝尔奖得主，包括2008年获得化学奖的钱永健教授，2003年获得经济学奖的Clive W. J. Granger和Robert F. Engle。另有因发现抗体多样性的遗传学原理而获诺贝尔奖的利根川进（Susumu Tonegawa）。在其他领域获得相当于诺贝尔奖等级的包括一位数学系教授曾获费尔兹奖，以及一位音乐系教授获得普立兹奖。

加大圣地亚哥分校位于圣地亚哥北区环境优雅的拉荷亚海边。距离市中心以及附近旅游景点车程均在30分钟以内，租车是最方便的游览方式。

如何到达加大圣地亚哥分校

方法1 从圣地亚哥机场到UCSD

乘飞机经过洛杉矶或旧金山转机到圣地亚哥，在机场叫出租车或是云九巴士（Cloud 9 shuttle）接送，到学校约20分钟车程，费用$15～30。

方法2 从洛杉矶到UCSD

乘飞机到洛杉矶，再转车到圣地亚哥，如果自己租车车程是2小时，若是搭乘大众交通工具可能要3小时。或是先坐公车到洛杉矶联合车站（Los Angeles Union Station）再转火车（Amtrak），约2小时到索拉纳海滩站（Solana Beach），再转101路公车约10分钟后能到学校，共约3小时。

方法3 从圣地亚哥市中心到UCSD

在Broadway介于Front St.与第十街之间，或是在第一、九、十街的公车站乘30或150路公车，前者班次较多但是要75分钟，后者45分钟可达，但是周末不开。车费$1.25～3.00 。

如何从加大圣地亚哥分校到其他地区

1.到市中心（Down town）：从学校可以乘30或150路公车，从山顶区（Hillcrest）可以乘3路公车，从古城（Old Town）可以乘电车（Trolley）到市中心。车费$1.25～3.00。

2.到古城（Old Town）：从学校乘30或150路公车，前者1小时，后者半小时。从山顶区医学中心乘免费接驳车（Hillcrest/Old Town Transit Center Shuttle）10分钟可达。

3.到拉荷亚（La Jolla）及太平洋海滩（Pacific Beach）：从学校乘30路公车可达，车费$2.25。

4.到芭布亚公园（Balboa Park）：从古城（Old Town）乘3路公交车可达。从学校乘30或150路公车到市中心后，转7路公车约5分钟或徒步约20分钟可达。

5.到山顶区（Hillcrest）：从学校乘医学中心接驳车（Hillcrest Shuttle）约30分钟可达，免费但假日不开。

beautiful view

加大圣地亚哥分校10大美景

Top 1

柏彻水族馆 Birch Aquarium MAP:A7

位于斯克利普斯海洋研究所校区内的悬崖边，为全美知名的水族馆。1903年海洋研究所成立时，就设立了水族馆和博物馆。经过多年的改革，现今的柏彻水族馆是在1992年扩建的新建筑，扮演着推广海洋研究与社区教学的角色，每年吸引世界各地40万以上参观民众。展示内容有5 000多种太平洋中的鱼类和其他海洋生物，其中还包括一整间房间大的巨藻森林展示缸、热带礁岩区鲨鱼缸，以及可以让访客触摸观察海洋生物的潮间池。这里定期举办赏鲸以及夜间海上观察等活动，到访之前可以先查一下是否有特殊活动可以参与。

Info

- 每天9:00～17:00；圣诞节、元旦及感恩节当天不开放
- 成人$11，老人$9，学生$8，3～17岁小孩以及UCSD员工$7.50

Top 2

斯克利普斯码头 Scripps Pier MAP:A7

加大圣地亚哥分校只有斯克利普斯海洋研究所的校区是直接靠海的。斯克利普斯研究所是研究海洋学的圣地之一，附近设置了生态保护区，在这里不能进行采集。从校总区可以免费搭乘校内接驳小巴士到这个校区，也可以花20分钟徒步走下悬崖地形，慢慢欣赏海滩风光。走到海边可以看到伸长入海的小码头，它是提供船只出海做研究之用的，一般民众不能上去。然而低潮时从码头沿着沙滩往北，可以观察到潮间带生态。若是往南则可以散步到观光胜地拉荷亚海滩玩玩水、踏踏浪，或是观看英勇的冲浪客在滔滔白浪上跃动，也可以脱下鞋，融入加州人在沙滩慢跑的生活，享受圣地亚哥的阳光和海边的微风。

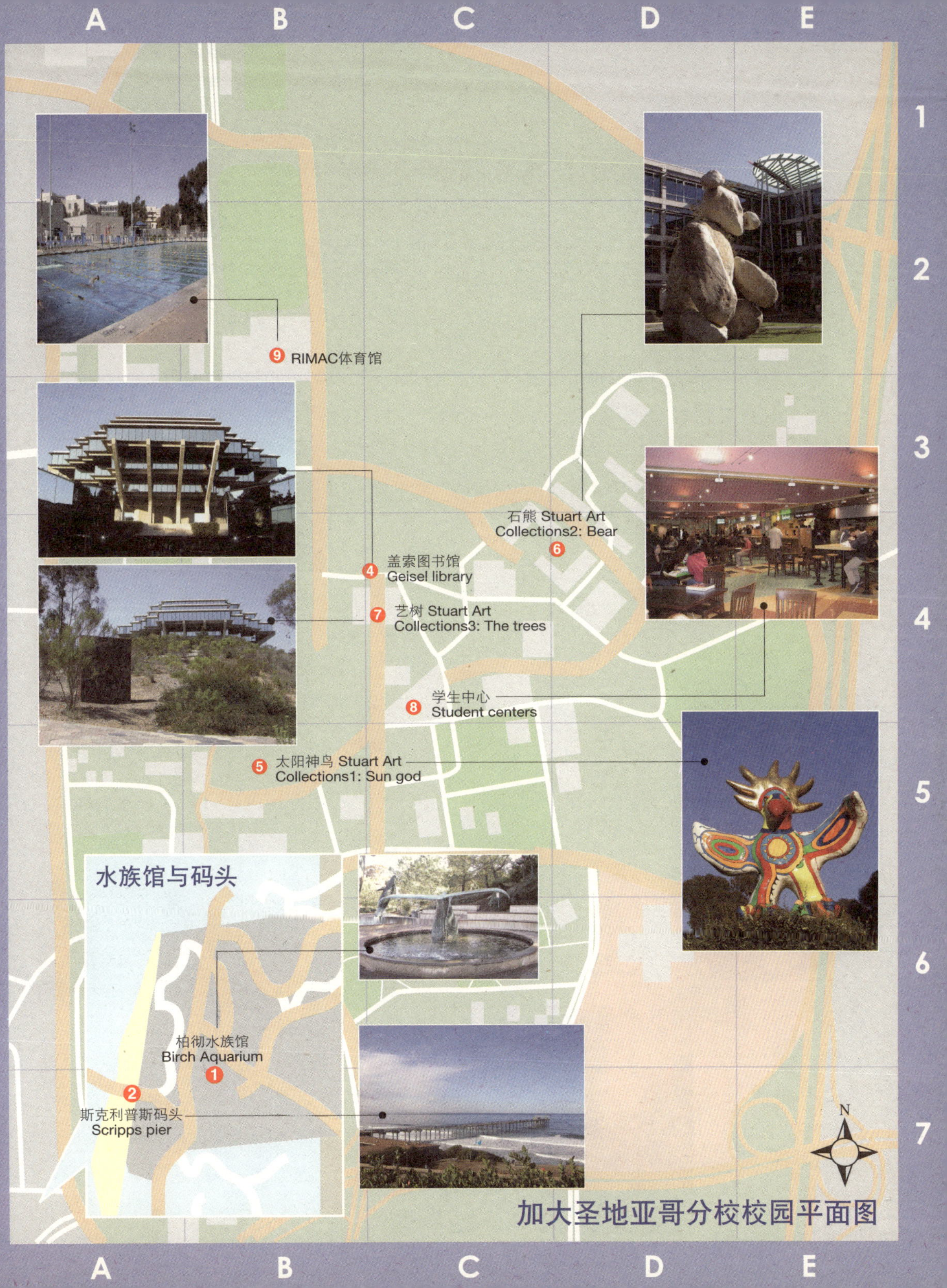

A B C D E
1 2 3 4 5 6 7
9 RIMAC体育馆
石熊 Stuart Art Collections2: Bear 6
4 盖索图书馆 Geisel library
7 艺树 Stuart Art Collections3: The trees
8 学生中心 Student centers
5 太阳神鸟 Stuart Art Collections1: Sun god
水族馆与码头
柏彻水族馆 Birch Aquarium 1
2 斯克利普斯码头 Scripps pier
N
加大圣地亚哥分校校园平面图

Top 3 史杜尔艺术收藏品 Stuart Art Collections

除了以上介绍的作品外，史杜尔艺术收藏品其实遍布校园，目前总共有16件，在此再介绍几件学生的最爱。这许多的大型艺术品散布在校园各个角落，让年资不长的圣地亚哥分校也富含文艺气息。

想将校园内的史杜尔艺术收藏品都欣赏一下吗？那就按图索骥跟着地图走吧。

由图书馆走向太阳神鸟，途经的树林中一片绵延的蓝色网子，它不是网开三面的捕鸟网，而是能反射阳光，使树林空间显得广阔的艺术网。

在结构工程学系大楼的上面有一系列的霓虹灯，每到傍晚就开始闪着七组美德与罪行（Vice and Virtures）文字，被学生笑称为七个原罪。

剧场旁的红鞋子看似醒目，却是默默隐藏在树林之中。

通往图书馆的小山路，是由许多六角形的瓷砖铺成的，像蛇的纹路延伸到图书馆底，蛇伸出的毒牙朝着象征伊甸园禁果的图书馆，和七个原罪相互映衬。

校园西南角草皮上的巨石堆也是颇受欢迎的阅读场所。

Top 4

盖索图书馆Geisel Library MAP:C4

盖索图书馆是加大圣地亚哥分校的总图书馆，也是印在学生证上面的代表性建筑，形状像一座飞碟，踏入校园的访客都会注意到它。乍看之下，这座图书馆的四面都是镜子做的，映照出圣地亚哥美丽的蓝天白云，但它其实是特殊的窗户，白天不论坐在图书馆的哪个角落，都可以对外面的风景一览无余，而晚上则可以从外面直接看见馆内景象。由于图书馆的特殊建筑形式，它曾经成为电影、电视剧集和广告的背景。

在图书馆外面的平台上，有苏斯博士和他作品当中最具代表性的人物“戴帽子的猫（the cat in the hat）”的铜像。

盖索图书馆的命名是为了纪念地方上的名作家、幼教专家苏斯博士（Dr. Seuss）以及他的妻子（本名Audrey and Theodor Seuss Geisel）对于此图书馆的贡献以及对于提升识字率的努力。盖索图书馆内有个苏斯博士展览室，完整地收藏了他从1919年高中时代的作文至1991年过世为止的各类作品，包括众多作品手稿、影片纪录档、纪录文字及照片等。不过大部分的收藏没有开放在常展部分，每年3月（苏斯博士的诞生月份）会有较完整的特展。

形状像一座飞碟的盖索图书馆。

Info

周一至四7:30～14:00，周五7:30～19:00，周六10:00～18:00，周日10:00～14:00

$ 免费

导览：周二、周三9:00、11:30，约30分钟，需事先预约

Top 5

太阳神鸟Sun God MAP:B5

从图书馆前的路往西边的教授餐厅（faculty club）走，上了坡之后就会看到色彩艳丽的大雕像，它就是太阳神鸟。太阳神鸟是校园里一系列公共艺术品当中的第一件作品。这系列的艺术品叫做史杜尔艺术收藏品，由史杜尔基金会筹款在校园四处放置大件的雕塑品，为校园增添文化艺术气息。太阳神鸟不仅让重理工科系的加大圣地亚哥分校显得活泼不生硬，也成为校内重要地标。太阳神鸟前面的草坪经常是社团活动、聚会的场所，遇到特殊节庆，学生也会发挥创意将太阳神鸟装扮起来，譬如帮它穿上学士袍。

太阳神鸟节

每年5月的最后一个周五被定为太阳神鸟节，隆重如校庆，学校的大小团体都会举办特别的活动，比如从楼顶丢西瓜、无人驾驶车比赛等，或是在游园会摆出摊位，全校一起疯狂地庆祝，如果时间凑得上，不妨这时候来参与，但小心喝了啤酒后别马上开车！

Top 6 石熊 Bear MAP:D4

史杜尔艺术收藏品中最新的作品就是坐在工学院广场中间的石熊。随着学校工学院的发展，生物工程系、信息系、电信研究所这三栋新大楼围成了一个新的广场，而蒂姆·霍金森（Tim Hawkinson）则提出要在这中间以巨石堆成一只泰迪熊。经过一年半挑选石头，又动用大型吊车等建筑工具，这只石熊终于于2005年年底在工学院广场上长坐了下来，向师生们展示着物理与工程的原理，并带入自然与古老的味道，平衡着现代与传统的校园精神。石熊像太阳神鸟一样受欢迎，成为校园最新的必游景点，也成为学生发挥创意装扮的新对象，近几年，它已经陆续穿戴过新年胸章、情人节爱心眼镜和围巾等服饰。

Top 7 艺树 The Trees MAP:C4

当你走过图书馆旁的树林时，即使四下无人，却可能会听到身旁有人在唱歌或是说话。别紧张！不是闹鬼了，而是隐身树林中的艺术品：树。这一系列作品也是史杜尔艺术收藏品的一部分。艺术家特里·艾伦（Terry Allen）见学校为了建设校园而大量砍伐尤加利树而设计这些作品，以铅板将树干的四周包围而保留树的原形，另外结合音乐与诗文，装在树中播放。这样的树共有3棵，这些树上都有各时期游客刻下的签名，旧的渐渐模糊而被新的签名所取代，也体现着时间的变迁，而人们渐渐成为历史的过客。您若有意，也欢迎在树上留下大名。

Top 8 学生中心 Student Centers MAP:C4

加大圣地亚哥分校的学生中心叫做价格中心（Price Center），位于校园中央、图书馆的旁边。价格中心里面有书店、速食餐厅、集会场所，以及电脑室。在这里可以找到美式、墨西哥式、日式与中式速食餐厅的午餐，甚至是珍珠奶茶。除了价格中心之外，校园西南还有个旧的学生中心（Old Student Center），内有咖啡店、杂货店、自行车店，在最近加盖的空间里还有学生社团办公室、二手书店，以及泰国餐厅。

Info

- 平日8:00～22:00，假日8:00～20:00，暑假8:00～19:00
- $ 免费

Top 9 RIMAC体育馆 MAP:B2

校园北端的新体育馆叫做RIMAC，凭证进入后可以使用里面的健身房、壁球室、篮球场、舞蹈室，以及多功能球场。除了桌球桌只有一张外，其他每一种项目都有很多个场地可以使用，也可以凭证借用器材。在体育馆北边有一个田径场和一个操场，经常可以看到有人在踢足球。

旧的体育馆（Main Gym）在校园西边的密尔学院（Muir College）里，除了两个篮球场外，也有些健身器材，几个可以打壁球、台球或是练拳击的小房间。体育馆旁边有个附属的室内游泳池和小体育馆。

另外，在校园东北角还有两个室外温水游泳池（Canyon view pools），除了游泳、跳水之外，也有一个按摩温泉（Spa），因此在这里冬泳是非常舒适的。这里也有一间小健身房、一间室内攀岩场和室外的大操场，经常能看到有人踢足球、打长曲棍球（Lacrosse）或是玩终极飞盘（Ultimate Frisbee）。

Info

- RIMAC：周一～周四5:30～24:00，周五5:30～23:00，周六7:30～22:00，周日9:30～12:00；Main Gym：周一～周五7:00～23:00，周六7:30～22:00，周日9:30～23:00；Canyon viewpools：周一～周五9:00～20:00，周末11:00～16:00
- $ RIMAC及Canyon viewpools需有证件才能进入，无证件$10/天；其他场地可以自由进出

Top 10 校园特色建筑

由于学校历史不长，加大圣地亚哥分校内的建筑大部分较具现代感，尤其是近年来学校快速发展，校园各个角落都有近年新盖的建筑，当然也随时会看到在建工程。从东北区的工学院广场、南区的药学院和生物医学图书馆，绕到西边的生物系，进入西北区的大学部宿舍和商学院，都可以看到崭新的建筑，装着偏绿色系的窗和横条状遮阳板矗立在这里。

工程大楼一。

生物工程大楼。

信息科学与工程大楼。

行政大楼。

生物医学大楼。

癌症研究中心。

派伯·肯岩厅。

电信大楼。

史丹临床研究中心。

加大圣地亚哥分校周边吃喝玩乐

美食餐厅

说到吃，就不能不介绍山顶区（Hillcrest），也就是加大圣地亚哥分校医学中心的所在地。这个地区算是圣地亚哥市的上城区，就在市中心北端的小丘陵顶，是最自由开放的地区，因此也是同性恋者的聚集地。

这一区的餐厅各具特色，选择相当多样化，有许多融合中西风格的餐厅都很不错，在此介绍几家有名的。

1 Hash House A Go Go 美式酒吧

➡ 3628 5th Ave. San Diego CA 92103
$ 主餐$8～15

图片提供：李彦君

图片提供：李彦君

Hash House A Go Go是个美式酒吧，很受美国年轻人的喜爱，特别是他们周末的早午餐。特色是分量大，餐点会用占了2个位子的长形盘子端出，大部分餐点都搭配着他们自制的薯泥和薯饼，相当可口。另外特别推荐松饼（pancake），虽然只有一片，但是片大、香甜、厚实，包你吃得过瘾!

2 Celadon 泰国料理

➡ 3671 5th Ave. San Diego CA 92101
$ 主餐$8～15

外观“黑暗”，内部最近经过装潢的Celadon带有泰国金碧辉煌的风格，也有西式吧台，很容易让人感受到异国情风情。这里的招牌餐点是红咖喱，笔者个人最喜爱红咖喱搭配烧鸭的组合。

4 The Original Pancake House 早餐店

➡ 3906 Convoy St San Diego CA 92111
☎ 858-565-1740
$ 早餐$8～15

专门做松饼的早餐店，一早7点就会看到客人涌进来，这里的松饼有各种各样的口味，但最有特色的莫过于德国松饼，一片大松饼如平底锅的形状，几乎要从盘子里掉出来，看似平凡，但是口感特殊，味道香甜，不必搭配任何的水果配料就美味十足。

5 Donovan's Steak and Chop

➡ 4340 La Jolla Village Dr. San Diego CA92122
$ 牛排$30～50

坐落在离校园仅5分钟车程的Donovan's是曾被评选为全美第一的高级牛排馆，喜爱牛排的朋友们可以将这里列为晚上的聚餐点，来一场贵族般的飨宴。但也提醒各位，这里的价位较高，菜单上的价格还得加上25%～30%的税及小费。

6 Pho T Cali Restaurant花嘉丽餐厅

➡ 7351 Clairemont Mesa Blvd. San Diego CA 92111
$ 主餐$5～7

花嘉丽是一家既便宜又实惠的越南餐厅，我最常点的就是火车头牛肉粉，也就是1～3号的综合牛肉粉面。除此之外，也推荐这里的碎米饭加蛋，无论配上哪种烤肉都很不错，还有他们的66号越式咖喱鸡饭也相当受欢迎。

3 Extraordinary Dessert. Hillcrest 甜点店

➡ 总店：2929 5th Ave. San Diego CA 92103 ☎ 619-294-2132
分店：1430 Union St. San Diego CA 92101
$ 甜点$4～12

来到圣地亚哥，只要向当地人打听好吃的甜点，每个人都会提起这家店。店如其名，这里的甜点真的是不同凡响，在排队时就可看见所有的精致糕点一字排开，令人看了心花怒放。这里适合静谧的下午或晚上，惬意地一边啜着花茶，吃着蛋糕，一边与朋友闲聊。

玩在圣地亚哥

海洋世界的明星动物——杀人鲸的表演。

主题乐园、动物园

圣地亚哥因海滩而成为著名的旅游观光城市，这里有许多知名的景点。在海洋世界（Sea World）可以看到杀人鲸的表演，圣地亚哥动物园（San Diego Zoo）和野生动物园（Wild Animal Park）是全美最大的动物园，北边的乐高乐园（Lego-land）是小朋友最爱的主题乐园，视个人喜好，这些地方都可以玩上一整天。

在托利松州立公园可以看到这一区特殊的海岸地质。

各处海滩

海滩方面，拉荷亚海滩除了玩水还可以看海豹戏水，托利松海滩（Torrey Pines State Beach）是个州立公园，有好几条登山道都能看到海景，太平洋海滩是最受欢迎的观光海滩。那一带有许多酒吧，是热闹的大学生周末聚集地，紧挨着他的布道湾（Mission Bay）是个人工海湾，可以体验水上摩托车、独木舟、风帆、帆船等各种水上活动。

拉荷亚海滩有个角落是留给海豹上岸晒太阳的。

巴尔波布亚公园中西班牙式的博物馆建筑与椰子树，营造了夏日悠闲的气氛。

市中心

由于学校地理位置偏北，大部分的学生平常并不常到圣地亚哥市中心，但市中心的煤气灯区（Gas lamp District）仍相当受欢迎，向往夜生活的游客可以到这里来，相对地，消费水准也较高些。

港口周边与科罗那多岛（Coronado Island）

圣地亚哥市中心是个海湾，也是美国最大的军港，在这里随时可以看到航空母舰停在岸边，还有艘中途号（U.S.S. Midway）已成为博物馆，参观时会看到上面的多架战机。从市中心过桥可以到科罗纳多岛，参观西岸最大的红屋瓦建筑、过去的灯塔、现今的科罗纳多饭店（Hotel Del Coronado），踏上饭店后面一片片的白沙海滩，吹吹海风，或是从市中心坐渡轮到岛的另一端眺望市中心夜景。和科罗纳多岛遥遥相望，夹着圣地亚哥湾的是洛马角（Point Loma），那里有旧时的小灯塔，并且是个制高点，可以遥望海岸夕阳并俯瞰湾内城市的景色。

巴尔波亚公园（Balboa Park）为市民提供平日散步的空间，也是有许多博物馆的文化中心；古城公园(Old Town）则能让人体验这里的历史与文化，都是值得一游的景点。

拉荷亚周边生活资讯

圣地亚哥分校附近的旅馆均为高级旅馆，走路约15分钟可以到喜来登饭店（Sheraton Hotel）和万豪居家酒店（Marriott's Residence Inn），附近5分钟车程之内另有希尔顿（Hilton Hotel）、凯悦（Hyatt Hotel）等多家饭店。

拉荷亚属于高级住宅区，治安相当好，但是房价也很高，凭贴了贴纸的学生证可以免费搭公车或是校车上学，平均15分钟一班车，10分钟可以到校。开车上学，则要交纳每月$90的停车费，还很难找到车位。

圣地亚哥地区公车系统并不密集，买菜、出外就餐都需要开车。学校往南20分钟处有“99大华超市”，是家很大的华人超市，几乎任何中式食材都买得到，电饭锅等中式家电也都有卖，它附近的convoy street也有许多中餐馆，为不少中国留学生提供了便利。

北京市版权局著作权合同登记图字：01-2010-7246
策划编辑：冉 颖
责任编辑：张丽娜 冉 颖

图书在版编目（CIP）数据
美国西部10大名校留学游学完全指南／刘昱承等编著、摄.—北京：旅游教育出版社，2012.3
ISBN 978-7-5637-2138-2
Ⅰ. 美… Ⅱ. ①刘… Ⅲ. ①留学生教育—概况—美国②高等学校—简介—美国 Ⅳ. ①G649.712.8
中国版本图书馆CIP数据核字（2011）第040404号

美国西部10大名校留学游学完全指南
刘昱承等 编著/摄影

出版单位：旅游教育出版社
地　　址：北京市朝阳区定福庄南里1号
邮　　编：100024
发行电话：（010）65778403 65728372 65767462（传真）
发行电话：www.tepcb.com
E-mail：tepfx@163.com
印刷单位：北京天成印务有限责任公司
经销单位：新华书店
开　　本：889×1194 1/24
印　　张：5.25
字　　数：123千字
版　　次：2012年3月第1版
印　　次：2012年3月第1次印刷
定　　价：29.00元
（图书如有装订差错请与发行部联系）